Ludwig Kaemmerer

Künstlermonographien: Hans Memling

Ludwig Kaemmerer

Künstlermonographien: Hans Memling

ISBN/EAN: 9783743634220

Hergestellt in Europa, USA, Kanada, Australien, Japan

Cover: Foto ©Thomas Meinert / pixelio.de

Weitere Bücher finden Sie auf **www.hansebooks.com**

Künstler-Monographien

In Verbindung mit Andern herausgegeben

von

H. Knackfuß

XXXIX

Memling

Bielefeld und Leipzig
Verlag von Velhagen & Klasing
1899

Memling

Von

Ludwig Kaemmerer

Mit 129 Abbildungen nach Gemälden und Zeichnungen

Bielefeld und Leipzig
Verlag von Velhagen & Klasing
1899

Von diesem Werke ist für Liebhaber und Freunde besonders luxuriös ausgestatteter Bücher außer der vorliegenden Ausgabe

eine numerierte Ausgabe

veranstaltet, von der nur 50 Exemplare auf Extra-Kunstdruckpapier hergestellt sind. Jedes Exemplar ist in der Presse sorgfältig numeriert (von 1—50) und in einen reichen Ganzlederband gebunden. Der Preis eines solchen Exemplars beträgt 20 M. Ein Nachdruck dieser Ausgabe, auf welche jede Buchhandlung Bestellungen annimmt, wird nicht veranstaltet.

Die Verlagshandlung.

Vorbemerkung.

Hans Memling zählt zu den wenigen niederländischen Malern des fünfzehnten Jahrhunderts, deren Kunst sich bis in unsere Tage allgemeine Gunst erhielt. Daß deutsche Kunstfreunde ihn lieber haben als andere Meister seiner Zeit, hat guten Grund, da er deutschen Stammes war. Deutsche Gewissenhaftigkeit aber verbietet, ihm in der Entwicklungsgeschichte der flandrischen Malerei den Platz zu lassen, den er lange behauptet. Daß er neben Größeren der Liebenswürdigste, will die vorliegende Arbeit auch denen näher rücken, die der geschichtlichen Wertung künstlerischer Leistungen fern stehen.

Es gibt Menschen, die mit dem ersten Wort uns für sich einnehmen, ohne daß wir uns doch angetrieben fühlten, tiefer in ihr Wesen einzudringen; ähnlich empfindet man bei der ersten Berührung mit Memlings Kunst. Darum genügt es, die Hauptwerke des fruchtbaren Meisters einmal für die Einbildungskraft lebendig zu machen, um damit einen fortwirkenden Strom warmer Teilnahme zu erzeugen. Ihn in die Bahnen kritischer Bedachtsamkeit zu leiten, lag an dieser Stelle kein zwingender Grund vor; gleichwohl hoffte ich, dem Leser, der neben der Anregung historische Führung wünscht, zu gefallen, wenn ich gelegentlich die Gründe näher ausführte, die mich zu dieser oder jener Lenkung des Steuers veranlaßten. Schließlich mündet alle Begeisterung vor Werken alter Kunst immer wieder in den Wunsch, die äußeren und persönlichen Bedingungen, unter denen sie entstanden, kennen zu lernen und zu verstehen. Hier verlangt der Kunstfreund Stütze und Belehrung vom Historiker, hier allein kann sie Geschriebenes ihm geben, während künstlerisches Empfinden wohl durch Worte ermuntert, aber nicht erzeugt werden kann. Die zahlreichen Abbildungen mögen dazu Helfer sein.

Berlin, 1899.

Selbstbildnis Hans Memlings.
Ausschnitt aus dem Altar des Sir John Donne in Chatsworth.

Abb. 1. Ansicht von Brügge 1468.
Miniatur einer Handschrift der Chroniken Froissarts in der Stadtbibliothek zu Breslau.

Hans Memling.

Wie in einem Brennspiegel sammelten sich die Strahlen deutscher Macht, Bildung und Gesittung am Beginn des fünfzehnten Jahrhunderts im vornehmsten Bistum des Reichs, dem goldenen Mainz. Hier residierte der Erzkanzler, dessen Obhut alle kirchlichen Angelegenheiten anvertraut waren, der erste an Rang unter den Kirchenfürsten diesseits der Alpen; hier ragte der stolzeste der mittelrheinischen Dome, ein ehrwürdiges Denkmal romanischer Baukunst. Seine Schatzkammer barg unermeßliche Reichtümer an Gold, Silber und Edelgestein, verarbeitet zu kirchlichem Prunkgerät von hohem Kunstwert. Diese Kleinodien allein schon, deren Schilderung gleich dem Märchen von Aladins Schätzen die Einbildungskraft erhitzt, rechtfertigen den Beinamen des „goldenen" Mainz. Auch die Bürgerschaft, die — anfangs unter dem Schutz des Erzbischofs — dann aber, seit der Mitte des dreizehnten Jahrhunderts, nachdem die Stadt Reichsunmittelbarkeit erlangt, einen eigenen Rat aus ihrer Mitte erwählte, durfte mit Recht stolz sein auf selbsterrungene Macht, die Handel und Wandel zu reichster Blüte gedeihen ließ. Natürlich fehlte es auch hier, wie in den meisten größeren Städten jener Tage nicht an Reibungen zwischen den alteingesessenen Geschlechtern und den Zünften, die mehr und mehr Selbständigkeit sich zu sichern trachteten. Besonders stark war unter letzteren das Gewerk der Goldschmiede vertreten; noch im Jahre 1475, als die Bevölkerung infolge unglücklicher politischer Verhältnisse stark zusammengeschmolzen war, zählte man 29 Goldschmiede in Mainz gegen deren 19 in Nürnberg. Die Goldschmiedewerkstatt aber war damals die Stätte aller künstlerischen Bildung. Aus ihr ging die Kupferstichkunst hervor, deren bedeutendste Altmeister, der sogenannte Stecher der Spielkarten, wie der Meister mit dem Zeichen ES aller Wahrscheinlichkeit nach um die Mitte des fünfzehnten Jahrhunderts in Mainz ihre Kunst übten. Goldschmied war auch Johann Gutenberg, der Erfinder der Buchdruckerkunst, deren Wiege ebenfalls in der Mainstadt stand.

Wir vermögen heute den Umschwung der Geistesbildung, den die That Gutenbergs hervorrief, kaum in seiner ganzen Bedeutung uns vorzustellen. Wie man unsere Zeit nach den Errungenschaften auf technischem Gebiet als die des Dampfes und der Elektricität bezeichnet, so darf man das fünfzehnte Jahrhundert schlechthin das Zeitalter der Buchdruckerkunst nennen. Heller Jubel tönte dem Erfinder allerorten entgegen: „Das ist die Kunst der Künste, die Wissenschaft der Wissenschaften! Ihre Schnelligkeit braucht man nur in Bewegung zu setzen, und es entspringt gleichsam aus dem tiefsten Dunkel abgelegener Winkel die ersehnte Quelle der Weisheit und des Wissens, sie, nach der alle Menschen vermöge ihrer Naturanlage dürsten, und sie bereichert in gleicher Weise und erleuchtet die Welt in diesem Jammerthale. Denn die unbegrenzte Gewalt der Schriften, die einst zu Athen oder Paris und in allen anderen hehren Studiensitzen und bei Versammlungen nur ganz wenigen auserlesenen Wissensdurstigen erreichbar war, ist durch sie in jedem Stamme, jedem Volke, jeder Nation, jeder Sprache, überallhin verbreitet, so daß wir im vollsten Sinn des Wortes vollendet schauen das, was im ersten Buch der Sprichwörter gesagt wird: ‚Die Weisheit prediget vor den Thüren, auf den Straßen erhebt sie ihre Stimme.‘" Diese begeisterten Worte eines zeitgenössischen Chronisten bezeugen, welchen gewaltigen Eindruck die Befreiungsthat des Mainzer Goldschmiedes überall machte.

Leider haben die Stürme, die im Jahre 1462 mit der Einnahme und Zerstörung der Stadt durch Adolf von Nassau begannen, dieser reichen Kultur ein vorzeitiges Ende bereitet. Sie verwehten fast alle Spuren, welche die mittelrheinische Kunst jener Zeit hinterlassen. Wie wenig weiß man von den Schicksalen der Malerei, die sicherlich in dem reichen Erzbistum Pflege und Ansehen genoß! Nur vereinzelte Denkmäler geben unzulängliche Kunde von

Abb. 1. Roger van der Weyden. Anbetung der Könige. München. Königl. Pinakothek. Holz: 1,38 : 1,53.
(Nach einer Originalphotographie von Franz Hanfstängl in München.)

dem verschwundenen Reichtum, zumal auch die Drangsale des dreißigjährigen Krieges und die französisch-deutschen Kämpfe des achtzehnten Jahrhunderts die Gelände des Mains nicht verschont haben. Der Biograph Memlings hat besonderen Grund, das zu bedauern, seit durch einen Nachrichtenfund unwiderleglich erwiesen ist, daß der Meister, den die niederländische Kunstgeschichte lange als Eingeborenen feierte, vom Mittelrhein stammt.

Als vor nunmehr zehn Jahren der Jesuitenpater Henri Duffart in der Bibliothek von St. Omer ein Manuskript des Historikers Jacques de Meyere durchstöberte, machte er die Entdeckung, daß in den Kollektaneen dieses fleißigen Forschers aus dem sechzehnten Jahrhundert neben anderem auch ein wichtiges, in lateinischer Sprache verfaßtes Tagebuch des Brügger Notars Romboudt de Doppere auszugsweise enthalten sei. Doppere war Altuar des Kirchenkapitels von St. Donatian in Brügge und starb im Jahre 1501, ist also für die Geschichte des fünfzehnten Jahrhunderts ein einwandfreier Zeuge, zumal, wo es sich um Ereignisse und Personen seiner Umgebung handelt. Er berichtet in den von Duffart wieder ans Licht gezogenen Aufzeichnungen aus dem Jahre 1494: „Am 11. August starb zu Brügge Meister Johannes Memmeline, den man als den kundigsten und trefflichsten Maler der ganzen Christenheit damals rühmte. Der stammte aus dem Mainzischen und wurde begraben in der Ägidiuskirche zu Brügge." Diese wenigen Zeilen machten einem langen und heftigen Streit der Kunstforscher um die Herkunft

Abb. 3. Roger van der Weyden. Darbringung im Tempel. Rechtes Flügelbild zu Abb. 1. Holz; 1,38 : 0,70 m. (Nach einer Originalphotographie von Franz Hanfstängl in München.)

unseres Meisters ein Ende. Schon früh hatte man nach dem deutschen Vornamen Hans, der Memling seit altersher beigelegt wurde, auf einen deutschen Geburtsort geraten. James Weale, ein englischer Kunstgelehrter, dem die Geschichte der altflandrischen Malerei viel Förderung ver-

Abb. 4. Roger van der Weyden. Verkündigung Mariä.
Linkes Flügelbild zu Abb. 2. Holz: 1,84 : 0,70 cm.
(Nach einer Originalphotographie von Franz Hanfstängl in München.)

dankt, lenkte als erster die Aufmerksamkeit auf ein Dorf Mümling, in der Nähe von Aschaffenburg, am Abhang des Odenwaldes und den Ufern des Mümlingflusses gelegen. Nach dem Brauch der Zeit fügte man — zumal in der Fremde — dem Taufnamen gern den des Geburtsortes hinzu; so nannten sich die Brüder van Eyck nach ihrer Heimat Maaseyck, Lukas van Leyden und viele andere ähnlich. Durch die erwähnte Notiz ist nun die Wahrscheinlichkeit, daß die Wiege Memlings in Mümling stand, das im Mittelalter bald Momling, bald Memelingen und Mömlingen genannt wird und zum Sprengel von Mainz gehörte, nahezu zur Gewißheit erhoben. Zum Überfluß geben auch noch zeitgenössische Urkunden den Namen des Malers in der Form Jan van Memmelinghe, d. h. Hans aus Memmelingen. Leider reichen die Geburtsregister des Dorfes Mümling nur bis in das Jahr 1539 zurück, so daß der urkundliche Schlußstein diesem durch Scharfsinn und Fleiß errichteten Gebäude historischer Kombination wohl niemals eingefügt werden kann. Mit ihm erst würden wir auch das Geburtsjahr des Meisters aus der Unsicherheit der Vermutungen in volle Gewißheit rücken können. Vorläufig läßt sich auch hier nur Wahrscheinlichkeitsrechnung anwenden. Da ein bisher unbezweifeltes Werk seiner Hand, das vor 1469 gemalt sein muß, bereits volle Meisterschaft bekundet, dürfen wir sein Geburtsjahr kaum später, als in das zweite Drittel des Jahrhunderts verlegen.

Urkundliche Angaben über das Leben und den Aufenthalt Memlings fehlen bis zum Jahre 1477, wo er in Brügge, der reichen Hauptstadt Flanderns, auftaucht. Die Anfänge seiner Kunst sind damit der wissenschaftlichen Erkenntnis verschlossen. Der Lockung, Einflüsse mittelrheinischer und kölnischer Malerei in seinen späteren Werken zu erraten, läßt sich gleichwohl schwer widerstehen. Stephan Lochner, der Maler der Madonna im erzbischöflichen Museum von Köln, die Jan van Eyck kurz vor seinem Tode zu einer ungewöhnlichen Leistung inspirierte, war im ersten Drittel des Jahrhunderts vom Oberrhein nach Köln gewandert. Daß er auf diesem Wege in der kunstfreundlichen Stadt Mainz Rast gehalten oder gar längere Zeit dort seinen Wohnsitz genommen, ist mehr als wahrscheinlich. Unter den wenigen erhaltenen Erzeugnissen mittelrheinischer Malerei des fünfzehnten Jahrhunderts weisen manche, wie die Bilder eines Altars aus Seligenstadt in der Galerie zu Darmstadt deutlichen Zusammenhang mit der Kunst des großen, später in Köln seßhaften Meisters auf. Memling, der vielleicht

Abb. 5. Schule Rogers van der Weyden. Christus am Kreuz mit Stiftern.
Brüssel. Königl. Museum. Holz: 0,54 : 0,46 m.
(Nach einer Originalphotographie von Franz Hanfstängl in München.)

Abb. 6. Schule Rogers van der Weyden. Der heilige Hieronymus und der heilige Georg.
Außenflügel zu Abb. 5.

durch die Unruhen des Pfaffenkrieges im Anfang der sechziger Jahre zum Verlassen der Heimat veranlaßt wurde, könnte in Mainz oder später in Köln mit Lochner in Berührung gekommen sein. Die Möglichkeit einer Anregung durch die liebenswürdigen Schöpfungen des Kölners muß jedenfalls im Auge behalten, wer die Wurzeln Memlingischer Kunst bloßzulegen sich bemüht.

Von einem Maler, der, mit Recht in die Schule Meister Stephans eingereiht, in Kolorit und Formengebung deutlich mittelrheinische Abstammung verrät, kennt man nur vier eigenhändige Werke. Das größte darunter, eine Verherrlichung Mariä, die aus der ehemaligen Brigittenkirche in das Kölner Museum gelangte, hat ihm den Namen gegeben: Meister der Glorifikation Mariä. Einige unter den weiblichen Heiligen dieses Bildes — insbesondere die heilige Ursula — sind im Empfinden den späteren Schöpfungen Memlings einigermaßen verwandt. Auch andere Züge in diesen Bildern könnten zu der Frage veranlassen, ob wir hier nicht vielleicht frühe Werke Memlings vor uns haben? Bei der heutigen Kenntnis der

Abb. 7. Schule Rogers van der Weyden. Anbetung des Christkindes und Heilige. Innenflügel zu Abb. 5.
(Nach einer Originalphotographie von Franz Hanfstängl in München.)

Dinge läßt sich eine befriedigende Antwort auf solche Frage nicht geben, ja diese nur mit äußerstem Vorbehalt stellen. Der Meister der Glorifikation ist, wie wir es von Memling annehmen müssen, vom Mittelrhein nach Köln gewandert, steht stark im Banne Meister Stephans und weist bereits auf die flandrische Kunst der Folgezeit hin. Eine feste Brücke von seinen Werken zu denen Memlings aber ist nicht zu schlagen, zumal auch bei anderen kölnischen Malern der Zeit Anklänge an die Formensprache der benachbarten flandrischen Schule nicht selten sind.

So bleibt unser Wunsch, Jugendwerke Memlings kennen zu lernen, vor der Hand unerfüllt.

Was lockte den Bauernsohn aus Mümling, der sicherlich frühen Trieb zur Malerei gezeigt, rheinabwärts in die Niederlande? — Albrecht Dürer schreibt in seiner Familienchronik von seinem Vater, der annähernd als Zeitgenosse Memlings gelten kann, er sei „lang in Niederland gewest bei den großen Künstern". Die Heimat der Brüder van Eyck, des Roger van der Weyden war damals das Ziel der Sehnsucht aller Kunstbeflissenen, ähnlich wie im folgenden Jahrhundert Italien, im achtzehnten und neunzehnten Paris es war.

Vom Oberrhein, aus Schwaben, Franken und aus der Schweiz strömten die Künstler dorthin. Ein Maler, Hans von Konstanz, war bereits um 1424 in Brügge von Herzog Philipp dem Guten beschäftigt worden. Friedrich Herlin von Nördlingen, Hans Muelster von Ulm, Conrad Witz von Basel und Hans Pleydenwurf von Nürnberg haben sicherlich ihre Studien in den Niederlanden gemacht. Der Nürnberger Pfenning, der 1449 ein Kreuzigungsbild des Wiener Museums mit seinem Namen bezeichnete, fügte diesem die Devise Jans van Eyck hinzu: als ich chun (so gut ich es vermag). Zweifellos hatte auch er die Werke des großen Meisters in Brügge eifrig studiert.

Auch an den Mittelrhein drang lockend ein Hauch der kunstfreundlichen Luft, die über den Ufern der Schelde und Maes am Hof der Burgunderherzöge wehte. Die Mainzer Bischöfe standen in regen Beziehungen zum burgundischen Hof, den damals in politischer Absicht alle Welt umwarb. Erzeugnisse burgundischer Tapetenwirkerei und Miniaturmalerei fanden leichten Eingang bei dem prachtliebenden Kirchenfürsten und dem Stiftsadel. Hatte sich doch — um ein Beispiel anzuführen — der Markgraf Rudolf von Hochberg Sausenburg im Badischen von Herzog Philipp dem Guten eine Handschrift des Artusromanes erbeten, die mit feinen Grisaillemalereien des Illuministen Jean le Tavernier aus Audenaerde (1450 in Brügge nachweisbar) geschmückt war. Wer ein Gebetbuch in reichster modischer Ausstattung zu besitzen wünschte, wandte sich ohne Besinnen nach den Niederlanden, dem Lande der großen Künstler und tonangebenden Kunstfreunde. So blieb im Herzen Teutschlands nicht lange verborgen, was ein niederländischer Chronist 1464 in die staunenden Worte zusammenfaßte: die Künstler auf allen Gebieten seien in kurzer Zeit gar geschickt und weit subtiler geworden, denn seither.

Kein Wunder, daß da auch Memling die Sehnsucht überkam, die Pfaffenstraße hinabzupilgern. Hat er Köln berührt, ohne länger dort zu verweilen? Drei Tafeln seines Ursulaschreins im Johannesspital zu Brügge beweisen mit ihren landschaftlichen Hintergründen, daß er die Bauten der Dreikönigsstadt eifrig studiert haben muß. Der Dom, die Martinskirche und die Kirche von St. Maria auf dem Kapitol treten uns hier kenntlich entgegen. St. Martin hat bereits sein spitzes Turmdach, das nach einem Brande des vierzehnten Jahrhunderts erst unter dem Abt Adam Meyer (1454—1499) wiederhergestellt wurde. Also müssen Memlings Studien in die Zeit nach 1454 fallen.

Der eifrige Kunstjünger ging sicherlich nicht an den Werken vorüber, die in Kirchen und Klöstern des heiligen Köln Kunde gaben von dem Umschwung in der Malerei, die in Gent und Brügge vor den Augen überraschter Zeitgenossen sich vollzogen und augenfälliger noch als am Mittelrhein hier bei den nächsten deutschen Nachbarn sich offenbarte. Da führte man ihn wohl auch in die Rathauskapelle vor das dreiteilige Altarbild, das der mittlerweile zum Senator der Stadt emporgestiegene Meister Stephan geschaffen: er trat in den Vorhof der flandrischen Kunst. In der Lorenzkirche sah er das Jüngste Gericht, in der Katharinenkirche die Darstellung Christi im Tempel (heute in der Darmstädter Galerie), 1447 von der gleichen Meisterhand gemalt, eine naive Mischgeburt befangener Kirchengläubigkeit und vorlauter Naturfreude, wie sie nur dem Backfischalter deutscher Kunst eigen sind. Die Sehnsucht nach dem Lande, wo man plötzlich dem Künstler die Binde von den Augen genommen, wo Neues, bisher Ungesehenes unter der Hand der Maler erstanden war, mußte in der Umgebung kölnischer Kunst heißer und heißer entbrennen. Mit dem Gelöbnis, alles bisher Erlernte zaglos opfern zu wollen am Altar der großen, allein seligmachenden flandrischen Kunst, überschritt der Teutsche die Grenze seines Vaterlandes.

Welchem anderen Künstler des fünfzehnten Jahrhunderts würde man lieber solche Empfindungen andichten, als Memling, dessen Kunst seit je als der zarteste Ausdruck weichmütiger Schwärmerei gegolten? Und doch enthüllt er in seinen Schöpfungen dem nüchternen Blick so viel des Handwerklichen, Angelernten, daß uns bange wird bei dem Versuch, sein Seelenleben aus seinen Werken zu enthüllen. So stark tritt bereits in den frühesten bekannten Arbeiten Anpassung und Handfertigkeit hervor, daß die Aufmerksamkeit des Beschauers — sofern er mit der Geschichte der flandrischen Malerei vertraut ist — bald sich den Quellen zuwendet, denen Formgefühl, Farbensprache und Auffassung entstammen. Diese knüpfen, wie wir sehen werden, nicht sowohl an die Errungenschaften der Brüder van Eyck, als vielmehr an die herbere und härtere Kunst Rogers van der Weyden an, der 1464 in Brüssel als nicht, jedenfalls war es die Kunst des älteren und berühmten Roger, die unserem Meister als Leitstern vorschwebte, als er in den Niederlanden seine neue Heimat fand. Nicht die Anordnung und Auffassung der Gegenstände allein wurden ihm vorbildlich, auch die Typen einzelner Gestalten der heiligen Geschichte, wie sie Roger malte, finden wir in Memlings Bildern öfters wieder.

Eine Reihe von Arbeiten Rogers van der Weyden oder doch aus seiner Werkstatt, die eine etwas mildere Formengebung aufweisen als die übrigen, hat

Abb. 3. Schule Rogers van der Weyden. Klage um den Leichnam Christi.
Haag. Mauritshuis. Holz: 0,78 : 1,29 m.
(Nach einer Originalphotographie von Franz Hanfstängl in München.)

viel bewunderter Meister der neuen naturalistischen Richtung gestorben war.

Im Jahre 1459 hatte Roger einen Gesellen „Hayne, jons paintre" beschäftigt, — vielleicht unseren Hans? — und am Beginn des sechzehnten Jahrhunderts bezeichnete man ein Altarbild in der Sammlung der Statthalterin der Niederlande als gemeinschaftliche Arbeit des Roger und des „maistre Hans". Die Möglichkeit, daß Memling in Rogers Werkstatt gearbeitet, ist also nicht ohne weiteres von der Hand zu weisen. Ob nun aber eine solche direkte Werkstattgemeinschaft bestanden hat oder man daher neuerdings als Erstlingswerke Memlings bezeichnet, ohne doch Gründe und Gegengründe sorgfältig abzuwägen. So zwei Altarwerke in den Galerien von Berlin und München. Das Berliner Triptychon (Kat. 535) schmückte ursprünglich den Hauptaltar der Kirche zu Middelburg in Flandern und war eine Stiftung des Schatzmeisters der Herzöge von Burgund, Pieter Bladelin, der 1444 diese kleine Stadt in der Nähe Brügges gegründet, und ein Schloß sowie eine Kirche (1460—1464) dort erbaut hatte. Er kniet im Mittelbilde als andächtiger

Abb. 9. Anton von Burgund.
Chantilly. Condémuseum. Holz: 0,45 : 0,35 m.

Zeuge der Geburt Christi, während im Hintergrunde die Zinnen eines Schlosses und der Turm der neuerbauten Kirche aufragen. Derselbe Schloßbau kehrt auch im Hintergrunde des Bildes in München (Abb. 2) wieder, das ebenfalls neuestens Memling zugeschrieben wird. Der belgische Forscher, der Roger diese beiden sehr charakteristischen Werke absprach, A.-J. Wauters, übersah, daß die Bildung der Gestalten, daß die Behandlung des landschaftlichen Hintergrundes und der Vegetation mit ihren gefiederten Baumkronen, die Gewandung, kurz, daß alles, was uns an stilistischen Merkmalen für die Bestimmung der Urheberschaft in Bildern überhaupt vorliegt, für den älteren Brabanter Meister und gegen Memling spricht. Einzig und allein der Kopf des unbekannten Stifters im Mittelbild des Münchener Triptychons — das früher die Columba-kirche zu Köln schmückte — könnte von Memlings Hand, wie wir sie aus beglaubigten Werken kennen, gemalt sein. Aus allen anderen Köpfen aber leuchtet der leidenschaftliche, heiße Blick, spricht die herbere und härtere Modellierung, wie sie Rogers Kunst kennzeichnet. Auf eine unscheinbare Eigenheit sei noch hingewiesen, die vielleicht als Handmarke gelten darf: die poröse Bildung des Gesteins, das hier und da wie ein versteinerter Schwamm anmutet. Man beachte daraufhin den Felsblock, auf dem der Beter im Münchener Altar seine gefalteten Hände lehnt, und den Stein im Vordergrunde des rechten Flügelbildes in Berlin mit der Vision der Könige aus dem Morgenlande. Eben diese seltsame und manierierte Steinbildung tritt in allen Teilen eines Altarwerkes hervor, das im Museum zu Brüssel sich befindet (Abb. 5), und das Wauters

Abb. 10. Kopie nach Memling. Knien von Burgund.
Dresden, Königl. Gemäldegalerie. Holz: 0,45:0,35 m.

konsequenterweise ebenfalls als Arbeit Memlings bezeichnet. Es stammt aus einer bolognesischen Sammlung und stellt im Mittelbild Christus am Kreuz mit Maria, Johannes und einer Stifterfamilie dar, während die Flügel Heiligenfiguren und die Darstellung der Geburt Christi schmücken. Hier tauchen allerdings einige Züge auf, die stark an Memling gemahnen; insbesondere trägt sie der heilige Hieronymus und Georg, die in Grisaillenmalerei auf den Außenflügeln geschildert sind (Abb. 6) und bei deren Anblick, ebenso wie bei den Figuren der Innenflügel (Abb. 7) sich die Vermutung schwer abweisen läßt, daß der jüngere Künstler mit an der Arbeit beteiligt gewesen. Trotzdem begegnen uns gerade auf diesen Flügelbildern, wie auch im Mittelstück, besonders scharf ausgebildet jene seltsamen porösen Steine und gefiederten Baumkronen, die in beglaubigten Werken Memlings nur selten und weniger auffällig anzutreffen sind. Das Altarwerk in Brüssel ist auch wegen seiner Besteller von Interesse: das neben dem in geschwärzter Stahlrüstung knieenden Stifter aufgepflanzte Wappen ist das der Mailänder Familie Sforza. Francesco Sforza, der hier zuerst in Frage kommt, war 1401 geboren und 1441 mit Bianca Maria Visconti vermählt; ihr Sohn, Gian Galeazzo — ihn erkennen wir nach erhaltenen Porträtmedaillen in dem Knaben wieder, der neben der Mutter in pathetischer Pose ins Knie sinkt — war 1444 geboren. Da er hier etwa als fünfzehnjähriger Knabe erscheint, wäre das Bild um 1459 entstanden zu denken. Just um diese Zeit war, wie wir aus Lisser Dokumenten erfahren, in Rogers Diensten zu Brüssel jener junge Maler „Hayne" beschäftigt,*) in dem man stets unseren Hans Memling hat sehen wollen; ihm war die Aufgabe zugedacht, die Außenseiten der Flügel eines Altars für Cambray zu malen, deren Ausführung Roger nicht selten Schülerhänden überließ.

Stände der Annahme einer solchen Arbeitsteilung nicht jene merkwürdig Wieso hätten wir hier in der That einiges Recht, von einem gemeinschaftlichen Werk Rogers und Memlings zu sprechen.

Zwischen Roger und Memling mitteninne steht auch eine Beweinung Christi, die — angeblich aus Middelburg stammend — in die königliche Galerie im Haag gelangte (Abb. 8). Auch hier spricht

Abb. 11. Nicole Spinelli.
Antwerpen. Königl. Museum. Holz: 0,29 : 0,21 m.

derlei stilistischer Eigentümlichkeiten in allen Teilen des Brüsseler Altars im Wege,

*) Telaborde, Ducs de Bourgogne I S. LIX. Man hat den Namen Hanne als Abkürzung für Hans beanstandet. Gerade am Mittelrhein aber begegnet uns die Diminutivform „Henne" für Hans häufig. Sie ist in der französisch geschriebenen Urkunde lediglich dem Klang der Laute nach wiedergegeben.

der Gesamteindruck der geschickt angelegten Komposition für Roger van der Weyden, während doch die Formbehandlung eine jüngere Hand verrät und einzelne Figuren, wie die heilige Magdalena und die links vom Leichnam Christi knieende Frau viele Züge von Memlings Kunstweise tragen. Obwohl auch dies Bild von Wauters unbedenklich als Jugendwerk unseres Meisters in Anspruch genommen wurde, wird man zunächst gut thun, es jener großen Anzahl von flandrischen Bildern einzureihen, die im Bannkreise der ringsfin wirkenden Kunst Rogers entstanden sind, ohne daß der Name ihres Schöpfers sich heute noch mit Sicherheit bestimmen ließe. Man muß sich den handwerklichen Betrieb in den damaligen Malerateliers vergegenwärtigen, um derlei man nicht viel danach, ob er eigenhändig alle Teile des Bildes gemalt. Zur Fassung und ordnungsmäßigen Aufstellung bedurfte man ohnehin noch anderer Handwerker.

Näher an die künstlerische Persönlichkeit trat man schon mit Porträtaufträgen heran. Die Sitzungen zu einem Konterfei brachten Auftraggeber und Beauftragten in engeren Verkehr. Daß es

Abb. 12. Männliches Bildnis.
Bergamo. Accademia Carrara. Holz: 0,38:0,31 m.

zu verstehen. Da wurde zuerst zwischen Auftraggeber und Werkmeister ein Vertrag aufgesetzt, der alle Einzelheiten bis zu den zu verwendenden Farben herab feststellte. Nach verstrichener Arbeitsfrist wurde das Werk abgenommen, und die Frau des Malers erhielt ebenso wie die Gesellen bei der Gelegenheit ein Geschenk oder einen „Lethgroschen", wie der deutsche Sprachgebrauch es nennt. Hatte der Meister den äußeren Bedingungen des Vertrages genügt, so fragte Memling in den ersten Jahren seines Aufenthaltes in den Niederlanden nicht an vornehmer Kundschaft auf diesem Gebiete fehlte, beweist ein Brustbild des Bastards Anton von Burgund, das sich heute im Condémuseum auf Schloß Chantilly befindet (Abb. 9). Über die Persönlichkeit des Dargestellten läßt die auf die Rückseite der Tafel gemalte Devise des kühnen Kriegshelden, der aber auch ein eifriger Kunstfreund war, keinen Zweifel:

Abb. 13. Männliches Bildnis. Venedig. Akademie. Holz: 0,57 : 0,76 m
(Nach einer Originalphotographie von Anderson in Rom.)

„Nul ne si frote" und die drei durch einen sogenannten Liebesknoten vereinigten Buchstaben N. I. E. Der natürliche Sohn Herzog Philipps des Guten und seiner Geliebten Jeanne de Presles, hatte sich schon früh durch Waffenthaten Anrecht erworben auf den Beinamen des Großen, den die Geschichte ihm gab. Im Jahre 1453 war er mit seinem Bruder Baudouin gegen die Mauren in den Krieg gezogen und hatte sie gezwungen, die Belagerung von Ceuta in Marokko aufzugeben. Dann focht er mit Auszeichnung gegen die aufrührerischen Lütticher, so daß Herzog Philipp ihm 1456 den Orden vom Goldenen Vließ verlieh. Er trägt dessen Abzeichen auf unserem Bilde, das demnach nicht vor 1456 entstanden sein kann. Nach den immerhin jugendlichen, aber ein seltenes Maß von Entschlossenheit und Wagemut bekundenden Zügen des Dargestellten zu urteilen, ist dies etwa in dessen vierzigsten Lebensjahre, also 1461 gemalt. Das üppige, auf Stirn und Nacken fallende braune Haupthaar bedeckt ein schwarzer cylinderförmiger Filzhut. Kleine, aber feurige Augen blicken unter buschigen Brauen über die kühn geschwungene Nase, die eine auffallend lange Oberlippe vom Untergesicht trennt. Der fein geschnittene Mund ist fest geschlossen, das Kinn in der Mitte geteilt. Ein dunkelviolettes Wams öffnet sich mit schwarzen Sammetaufschlägen über dem weißen Hemd. Die knochige Rechte, an deren Fingerring ein Edelstein blitzt, ist etwas über den Bildrand erhoben und scheint auf einer Balustrade zu ruhen. Sie ist ein Meisterwerk feinsinniger künstlerischer Charakteristik; aber auch die Art, wie die dunklen Farbenmassen vom grünen Hinter-

Abb. 14. Männliches Bildnis.
Haag. Mauritshuis. Holz: 0,27 : 0,20 m.

grunde sich abheben und die blassen Gesichtszüge aus dem Bilde hervorleuchten, lassen einen Bildnismaler ersten Ranges erkennen. Wiederholungen dieses trefflichen Fürstenporträts, das verheißungsvoll am Anfang von Memlings Künstlerlaufbahn aufleuchtet, haben sich in Hamptoncourt und Dresden (Abb. 10) erhalten. Von einigen Forschern wird dem Bilde in Hamptoncourt der Preis der Originalität zuerkannt, während das Dresdener Exemplar allgemein als Kopie gilt. Wenige Jahre später porträtierte Memling einen italienischen Medailleur, der, wie Urkunden darthun, 1468 in den Diensten Herzog Karls des Kühnen als Stempelschneider stand: Nicolò di Forzone Spinelli aus Arezzo. So benennt man das kleine Bildnis eines etwa 35jährigen Italieners, das früher als Werk Antonellos da Messina im Besitz Denons zu Paris sich befand und schließlich durch das Vermächtnis van Ertborns ins Antwerpener Museum gelangte (Abb. 11). Es ist begreiflich, daß man zuerst ein Werk venetianischer Bildniskunst vor sich zu haben vermeinte. Die Züge des energischen und gescheuten Antlitzes sind die eines Vollblutitalieners: das üppige, unter der schwarzen Kappe hervorquellende Haar, der bräunliche Teint, die scharf geschnittene Nase und der schlaue Mund lassen keinen Zweifel darüber. Den Medailleur gibt die absichtsvoll in der Linken gehaltene Münze des Kaisers Nero zu erkennen. Daß aber kein Landsmann, sondern Memling den nach dem Norden verschlagenen Welschling konterfeit hat, verrät die Landschaft, die — obschon mit südlicher Memlings Kunst vertreten (Abb. 12 und 13). Wir wissen nicht, wen sie darstellen, aber die Köpfe lassen ebenfalls auf Italiener schließen, die Geschäfte nach der flandri-

Abb. 15. Männliches Porträt.
Leipzig. Sammlung Felix. Holz.

Vegetation ausgestattet — in jedem Pinselzuge das Gepräge der Memlingischen Art trägt.

Ziemlich um die gleiche Zeit mögen die Brustbilder entstanden sein, die in den Galerien zu Venedig und Bergamo schen Handelsstadt geführt haben mögen. Haartracht und Gesichtsschnitt — man beachte die Morbidezza des Blicks in dem erstgenannten Bilde — weisen deutlich nach Venedig. Auch das Arrangement des Porträts in Bergamo mit seinem schmalen, hinter dem Kopf aufgespannten Brokatvorhang, ist besonders bei Giovanni Bellini und seinen Genossen beliebt. Die Architektur und Landschaft des Hintergrundes sind indes durchaus niederländisch und zwar stehen sie gerade Memling so nahe — auch teren unbärtigen Mannes mit reichem, dunklem Lockenhaar in der Königlichen Gemäldesammlung des Mauritshuis im Haag (Abb. 15) läßt sich hier einreihen. Die feste Zeichnung und herbe Naturwahrheit sind An-

Abb. 16. Männliches Porträt.
Köln. Sammlung Oppenheim. Holz: 0,30 : 0,24 m.

einzelne Elemente der Staffage, wie die auf dem Wasser schwimmenden Schwäne, der Schimmelreiter —, daß die Zuschreibung dieses Bildes an unseren Meister jedenfalls der Wahrheit näher kommt, als die in Italien allbeliebte Verlegenheitsbezeichnung: Hans Holbein.

Das Brustbild eines etwas älteren zeichen für eine verhältnismäßig frühe Entstehungszeit. Leider ist das auf der Rückseite der Tafel befindliche Wappen bisher nicht ermittelt, so daß wir über den Namen des Dargestellten im unklaren bleiben. Seine Haltung mit betend erhobenen Händen legt die Ergänzung dieses Porträts zu einem Diptychon nahe, dessen

2*

Abb. 17. Männliches Porträt.
Berlin. Königl. Gemäldegalerie. Holz: 0,34 : 0,29 m.

linker Flügel etwa Maria oder den Namensheiligen des Stifters gezeigt haben mag. Bei Einzelbildnissen liebt Memling sonst, die Hand des Dargestellten auf eine Balustrade zu stützen, wie wir es bereits bei dem großen Bastard beobachteten. Aus dem gleichen Grunde kann auch das Porträt eines jugendlichen Beters in der Sammlung Felix zu Leipzig (Abb. 15), eine der liebenswürdigsten Schöpfungen dieser Epoche, nur als Teil eines Diptychons gelten. Zwischen zwei Arkadensäulen blickt der Dargestellte in reicher modischer Tracht andächtiglich vor sich hin; auf der Balustrade, an die er seinen Körper lehnt, liegt das Gebetbuch aufgeschlagen, die ringgeschmückten, schlanken Hände schließt er zum Gebet. Das fast weiblich anmutige Antlitz umrahmt reiches, in die Stirn gekämmtes Lockenhaar. Die ehrbare Frömmigkeit eines Patriciersohnes spricht aus diesem Bildnis, das allerdings mehr noch vom Maler als von seinem Modell erzählt.

Gern wüßten wir auch, wen das Brustbild der Galerie Oppenheim in Köln (Abb. 16) darstellt, dessen scharf ausgeprägte Individualität besondere Neugier weckt. Eine starke Nase, buschige Augenbrauen und volle Lippen treten in dem jugendlichen, gebräunten Antlitz charakteristisch hervor. Der etwas blasierte Blick des Auges und der selbstbewußte Mund scheinen auf eine zum Befehlen berufene, stolze Persönlichkeit hinzuweisen. Auf dem gewellten, reichen Haupthaar trägt er den gleichen schwarzen burgundischen Hut, wie der große Bastard. Auch die hohen gepufften Ärmel (machoires) des braunen Wamses, das über dem Hemd verschnürt ist, gehören zur burgundischen Hoftracht. Der goldene Pfeil in seiner Rechten läßt

Abb. 16. Weibliches Porträt.
Ehemals in der Sammlung Rezzo, Mailand. Holz: 0,16 : 0,29 m.

in dem Jüngling ein Mitglied der Brügger Schützenbrüderschaft zum heiligen Sebastian vermuten. Vielleicht hatte er beim Preisschießen die Würde des „roi d'arc" errungen und wurde deshalb mit dem Abzeichen verewigt. Ein männliches Bildnis Memlings bei Lord Wemmys auf Gosfordhouse zeigt ebenfalls einen solchen Pfeil, der dem Dargestellten den Namen des heiligen Sebastian eingetragen hat. Auch ein Ritter vom goldenen Vließ — vielleicht Anton von Burgund — ließ sich mit dem Sebastiansfeil in der Hand porträtieren. Das Bild befindet sich in der Galerie zu Antwerpen und gehört der Schule Rogers van der Weyden an.

Ein weiteres Bildnis aus Memlings Frühzeit hängt in der Berliner Galerie (Abb. 17). Es wurde vom Kaiser-Friedrichs-Museums-Verein aus westpreußischem Privatbesitz erworben und stellt vielleicht einen bejahrten burgundischen Hofbeamten vor. Der mit schwarzer Filzkappe bedeckte Greisenkopf hebt sich von einer bescheiden angedeuteten Landschaft ab, in die der Blick über eine Steinbrüstung bringt. Die verwitterten Züge des bartlosen, von Runzeln durchfurchten Gesicht, verraten etwas von subalterner Ängstlichkeit; insbesondere der zusammengekniffene Mund verstärkt diesen Ausdruck. Der Mann möchte nichts gesagt haben, obwohl er doch gern schwätzt. Auch das Auge blickt unsicher unter der von schweren Hautwülsten überschatteten Lidfalte hervor. Der Maler hat der Beschränktheit seines Modelles die liebenswürdigsten Züge abzugewinnen gewußt. Die Erfahrung eines langen, wohl nicht sorgenlosen Lebens liegt auf dem gelblich getönten Antlitz. In der Landschaft tränkt ein Reisiger seinen Schimmel, beim Burgthor am Horizont dehnt sich das

Hans Memling.

Abb. 19. Männliches Porträt.
Frankfurt a. M. Städelsches Institut. Holz: 0,48 : 0,30 m.

Meer. Heiterer Sonntagsfriede ist über diesen landschaftlichen Hintergrund gebreitet, er verklärt auch das Antlitz des Dargestellten, den wir uns gern als Staatspensionär denken möchten.

Vermutlich ein Gegenstück zu diesem Bild, das Porträt einer älteren Frau, wurde 1884 aus der Sammlung Meazza nach Frankreich verkauft (Abb. 18). Das etwa sechzigjährige

Abb. 90. Kopie nach Memling. Das Weltgericht, die klugen und die thörichten Jungfrauen.
Berlin. Königl. Gemäldegalerie. Holz: 0,65 : 0,35 m.

Mütterchen ist modisch gekleidet, die Haare bedeckt eine hohe Spitzhaube (Hennin), von der ein weißer Schleier auf die Schultern herabfällt. Der tiefe Halsausschnitt der schwarzen Robe, mit grauem Pelzwerk besetzt, läßt ein weißes Brusttuch sichtbar werden. Gleich dem Manne ist auch seine Gattin mit einer hinlänglich starken Nase begabt, unter der das Gesicht mit dem eingesunkenen Munde zusammenschrumpft. Durch die links in die Ferne sich dehnende Landschaft schlängelt sich ein sandiger Weg zu einem unter Buschwerk halbversteckten Bauernhaus.

Annähernd der gleichen Zeit, die für Memling besonders reich an Porträtaufträgen gewesen sein muß, wird auch ein Männerbrustbild des Städelschen Instituts zu Frankfurt a. M. (Abb. 19) angehören, obwohl mehr äußere Gründe, wie Tracht und Arrangement, für solche frühe Entstehung sprechen, während die Malweise bereits einen Fortschritt gegen die älteren Arbeiten Memlings bekundet. Auch der Umstand, daß der Horizont des landschaftlichen Hintergrundes, von dem sich die kräftig gebaute Gestalt des ältlichen Herren absetzt, verhältnismäßig niedrig gelegt ist, könnte als Anzeichen einer vorgeschrittenen Zeit gelten. Das feine diplomatische Lächeln auf den Lippen, der kluge, abwägende Blick geben der Persönlichkeit

Abb. 21. Madonna mit Heiligen und Stiftern.
Chatsworth. Sammlung des Herzogs von Devonshire. Holz: 0,79 : 0,68 m.

Abb. 17. Johannes der Täufer und Johannes der Evangelist.
Innenflügel zu Abb. 21.

Relief. Die unbeholfene Art, wie die Hände in den Bildrahmen einbezogen sind, erinnert uns allein daran, daß die Zeit freier, großer Porträtauffassung und -technik für die niederländische Kunst noch nicht gekommen war. Der Eindruck der Naturtreue und des individuellen Lebens wird lediglich erzielt durch fleißiges Nachbilden aller wahrnehmbaren Einzelheiten. Zusammenfassende Stimmung und tiefbringende Charakterschilderung darf man von diesen Bildnissen nicht verlangen. Daß sie so energisch und großzügig — bei aller Kläubelei — wirken, liegt größtenteils an den prächtigen Charakterköpfen, die das Leben des fünfzehnten Jahrhunderts geprägt, und denen auch eine unbeholfene Kunst nichts von ihrer Bedeutsamkeit rauben konnte.

Die Berliner Galerie besitzt neben dem obenerwähnten Porträt noch ein anderes Bild, das uns über die Kunst Memlings am Anfang der sechziger Jahre Aufschluß zu geben vermag, obwohl es nur von geringer Schülerhand herrührt (Abb. 20). Es ist aus zwei Stücken zusammengeflickt und stellt in seiner oberen Hälfte Christus als Weltrichter dar, während unten die klugen und thörichten Jungfrauen geschildert sind. Die Gestalten des Jüngsten Gerichts mahnen augenfällig an Rogers Altar in Beaune, der etwa um

1447 im Auftrage des burgundischen Kanzlers Nicolas Rolin entstanden ist; besonders auch der Engel, der die Auserwählten zur Himmelspforte geleitet und die verzweifelt sich gebärdenden Verdammten. Den letzteren entsprechen im unteren Bildteile die thö- mit der Schilderung der letzten Dinge in einem Rahmen vereinigt. Die Komposition, wie auch vornehmlich die Frauenfiguren des unteren Teiles, bestimmen mich zu der Annahme, daß in diesem minderwertigen Schulbild ein heute verschollenes Original

Abb. 23. Der heilige Christoph und der heilige Antonius.
Außenflügel zu Abb. 21.

richten Jungfrauen, die betrübt abziehen, da ihr himmlischer Bräutigam, Christus, sie zurückgewiesen, während die klugen, die Oel in ihre Lampen gethan, von einem Engel zum Hochzeitssaal geleitet werden. Das Gleichnis Christi von den zehn Jungfrauen (Ev. Matthäi 25) deutet auf die Zeit des Jüngsten Gerichts, und so ist seine Darstellung nicht unpassend vom Maler Memlings aus dem Anfang der sechziger Jahre kopiert ist. Ein späterer Nachfolger Memlings, der nur in allgemeinem Schulzusammenhang mit ihm stand, hätte sich eher an die Typen der reiferen Zeit gehalten, während ein Kopist, unbekümmert um Stilrücksichten, die Vorlage möglichst getreu wiederholt.

Das früheste, sicher datierbare Altar-

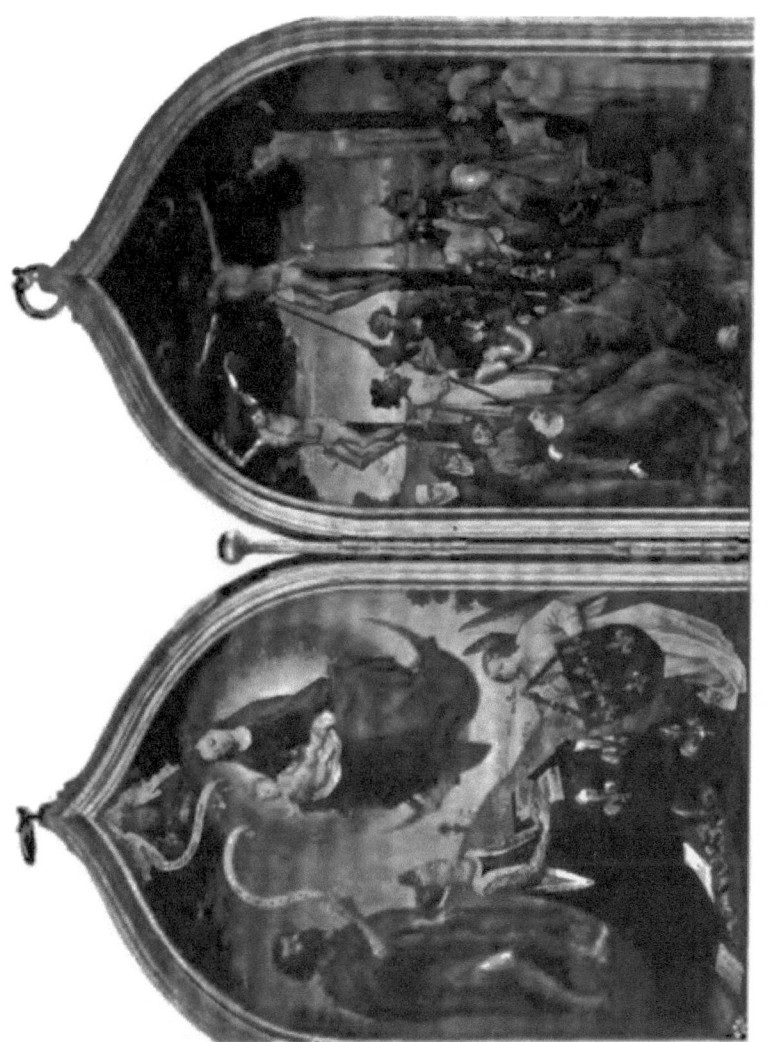

Abb. 24. Diptychon der Frauen in Beuthen. Schmälz. Gymnasium. Oelg.: 0,31 : 0,65 m.

Abb. 25. Richtung Memlings. Madonna. Newport. Sammlung Davis.
Holz: 0,30 : 0,24 m.

werk von Memlings eigener Hand besitzt der Herzog von Devonshire auf Chatsworth (Abb. 21—23). Zwingende Gründe sprechen dafür, daß es vor 1469 gemalt ist: der auf dem Mittelbilde dargestellte Stifter Sir John Donne of Kidwelly starb 1469 bei Edgecate im Kampf für König Edward IV. aus dem Hause York. Da er, wie auch seine Gattin Elisabeth, eine Tochter des Sir Leonard de Hastings, hier mit dem im Jahre 1461 gestifteten Hausorden Edwards IV. geschmückt erscheint, ist das Bild jedenfalls nicht vor 1461 entstanden. Die Wappen der Donne und Hastings sind an den Säulenkapitälen des Hallenbaues angebracht und ermöglichen die Bestimmung der Persönlichkeiten. Verwunderlich erscheint nur, daß der Lady Elisabeth die heilige Barbara und Sir John die heilige Katharina statt ihrer Namensheiligen beigegeben sind. Vielleicht war die Kapelle, in der der Altar aufgestellt werden sollte, diesen beiden Heiligen geweiht.

Memling, aus Deutschland eingewandert und, wie wir annehmen müssen, in Brügge seßhaft, im Dienst des englischen Adels beschäftigt? Die politischen Beziehungen zwischen England und Burgund nehmen dieser Thatsache das Befremdliche. Die vornehmen Geschlechter Britanniens waren ohnehin gewohnt, ihren Kunstbedarf

Abb. 26. Richtung Memlings. Madonna. Florenz. Nationalmuseum.
Holz: 0,20 : 0,24 m.
(Nach einer Originalphotographie von Gebrüder Alinari in Florenz.)

im Ausland zu decken, da die einheimischen Kräfte verwöhnteren Ansprüchen nicht genügten. An den Wänden der Burggelasse prangten flandrische Teppichwirkereien, Gebetbücher mit flandrischen Miniaturen begleiteten die Ladies auf ihrem Kirchgang; so wandte man sich auch, wenn es galt, die Schloßkapelle mit einem besonders kostbaren, auf der Höhe der Zeit stehenden Altarbild zu zieren, zuerst nach den Niederlanden.

Die Bildnisse Sir Johns, seiner Gemahlin und Tochter auf dem Triptychon in Chatsworth sind so ausdrucksvoll und lebendig, daß man annehmen muß, sie seien von Memling nach der Natur gemalt. Auch hier bietet die Zeitgeschichte die Möglichkeit einer Erklärung. Wahrscheinlich befanden sich die drei unter dem zahlreichen Gefolge, das die Schwester Edwards IV., Margarete von York, 1468 nach Brügge begleitete, um ihrer Vermählung mit Herzog Karl dem Kühnen von Burgund beizuwohnen. Gerade bei diesem Ereignis erhalten wir aus gleichzeitigen Quellen auch die erste Nachricht von einem niederländischen Maler, dessen Einfluß auf Memling nicht viel geringer anzuschlagen als der Rogers, von Hugo van der Goes. Er war bestellt, dem reichen Gepränge, das den Einzug der neuen Landesfürstin verherrlichen half, künstlerischen Glanz zu verleihen. Ehrenpforten waren errichtet und zu Seiten der Feststraße hatte man Schaugerüste aufgestellt, die den Rahmen gaben für Scenen aus der biblischen Geschichte und dem klassischen Altertum, denen man eine Beziehung auf das festliche Ereignis beimaß. Diese „lebenden Bilder" hatte mit vielen anderen Malern Hugo van der haltend, in einer luftigen Säulenhalle, aus der man hinausblickt in die lachende, alltägliche Landschaft. Teilnahmlos senkt Maria den Blick auf das Gebetbuch in ihrer Linken, in dem das Kind blättert. Die Engel ihr zur Seite haben das Christ-

Abb. 17. Richtung Memlings. Madonna. Venedig. Sammlung Lugard.
(Nach einer Originalphotographie von Gebrüder Alinari in Florenz.)

Goes gestellt, und seiner Empfehlung dankte vielleicht der jüngere Künstler den Auftrag Sir John Donnes.

Die Madonna mit Engeln und zwei weiblichen Schutzheiligen, die als Fürsprecher des Stifters und seiner Gattin erscheinen, hat Memling auf dem Mittelbild dargestellt (Abb. 21). Sie sitzt unter einem Brokatbaldachin, ihr Kind im Schoße kind durch Musik unterhalten; noch spielt der eine auf der Handorgel, während der andere die Geige ruhen läßt, um ein neues Reizmittel, einen rotbäckigen Apfel, an dem Kleinen zu erproben. Die Gebärde des Kindes läßt Zweifel, ob es ihm mit dem Apfel oder mit dem Segen mehr Ernst ist, den der demütig unter dem Schutz der heiligen Barbara vor ihm knieende Stifter erfleht. Freilich blickt auch dieser nicht auf das Ziel seiner Andacht, sondern nachdenklich vor sich hin, ebenso seine Gemahlin, die von der heiligen Katharina der himmlischen Gnade empfohlen wird. Vollends teilnahmlos, eher zu kokettem Lächeln geneigt, kniet das Töchterchen des Stifterpaares hinter seiner Mutter. Schon hier empfängt man den Eindruck, daß es Memling nicht sowohl auf die seelische Verknüpfung der Gestalten miteinander ankam, daß er vielmehr in jeder einzelnen liebenswürdige Züge ihres Wesens festzuhalten sich bemühte. Daneben bekundet er einen ungewöhnlichen Sinn für Ebenmäßigkeit der Raumeinteilung, ja, eine fast an Schablone gemahnende Vorliebe für Symmetrie, die er wohl aus Rogers Werkstatt übernommen hat. Man fühlt den Bann der gotischen Architektur, die

Abb. 21. Madonna. Wien. Galerie Liechtenstein. Holz: 0,43 : 0,36 m.
(Nach einer Originalphotographie von Braun, Clément & Cie. in Dornach i. E. und Paris.)

alle Freiheit der Bewegung in rhythmische Fesseln schlug, aus diesem Aufbau noch heraus. Trotzdem herrscht bei Memling nicht ausschließlich die Linie. Er benutzt bereits die Farben zur Herstellung des Gleichgewichtes auf beiden Hälften des Bildes, indem er dem Hintergrund auf der rechten Seite, darin im Figürlichen das Helle überwiegt, dunkle Baummassen einfügt, während auf der Linken eine licht getönte, idyllische Landschaft die dunklen Figuren wirkungsvoll hervortreten läßt. Wer darauf achtet, mit welcher Berechnung das Weiß im Bilde verteilt ist, wird zugeben, daß hier flügelnde Berechnung das Scepter führt. Die Gestalten sind graziös, aber ohne lebhafteren Ausdruck bewegt. Vergebens suchen wir auch nach Zügen jugendlicher Frische in den beiden Johannes der Innenflügel (Abb. 22). Sie sind in den Raum gestellt mit sorgsam abwägender Ängstlichkeit, sie vermeiden jedes Zuviel des Ausdruckes und bieten daher dem modernen Auge ein Zuwenig. Etwas schärfer ist der heilige Antonius und Christoph der Außenflügel in ihrer Sonderart gezeichnet, aber auch diese in Grisaillemalerei ausgeführten Gestalten verleugnen ihren statuenhaften Charakter keineswegs.

Dagegen überrascht uns der innige Ausdruck der Köpfe, insbesondere in den Flügelbildern. Die durch Askese abgezehrten Züge des Täufers und das weiche Jünglingsantlitz des Evangelisten Johannes bekunden ein Streben nach seelischer Vertiefung, das in diesem Jahrhundert vereinzelt dasteht. Fast zu ballettmäßig für einen Riesen steht der Christusträger (Abb. 23) da, dessen Kopf ein dem Meister lieb gewordenes und im Johannes bereits benutztes Modell erkennen läßt. Die abgeklärte Milde des Alters dagegen breitet sich über das faltige, von weich zerfließendem Bart umrahmte Antlitz des Einsiedels Antonius (Abb. 23), der den Versuchungen weltlicher Lust tapfer widerstanden.

Die künstlerische Physiognomie, die dies Bild enthüllt, ist nicht sonderlich tief geprägt: freundliche, ernstere Teilnahme hinweg lächelnde Züge. Eine liebenswürdige, treuherzige Natur, der schwere innerliche Kämpfe erspart geblieben, schmiegsam, ohne doch sein Selbst zu opfern, hat Memling sich in die allgemeinen Ausdrucksformen der Zeit gefunden. Der Ruhm der flandrischen Kunst hatte ihn gefangen genommen; an ihren Satzungen zu rütteln, sah er keinen Grund. Was — ungewollt — Neues in seinen Schöpfungen sacht emporsteigt, während er sich alles Brauchbare der Umgebung aneignet, ist die innige Empfindung des Teutschen.

Roger van der Weyden ist voll verhaltener Leidenschaft und dennoch als ausführender Künstler verstandeskalt berechnend. Hugo van der Goes gerät bei seinem heftigen Streben nach kennzeichnendem Ausdruck leicht ins Grimassenhafte. Die Risse und klaffenden Fugen, die der durch das Schaffen der Eyks jäh aufgerüttelten flandrischen Kunst nicht fehlen konnten, füllt Memling mit seinem wundermilden Gemüt.

Das Bild in Chatsworth soll auch ein leibliches Abbild seines Schöpfers enthalten: auf dem linken Innenflügel mit der Gestalt Johannes des Täufers erscheint, halb hinter einer Säule versteckt, ein Mann in schlichter Bürgertracht, dessen Züge porträtmäßig individualisiert sind (Abb. auf S. 1). Man hält sie — mit einiger Wahrscheinlichkeit — für des Memlings selbst, der im Schutzbezirk seines Namensheiligen sich einen bescheidenen Platz gesichert. Die Beschreibung eines Selbstbildnisses Memlings — etwa im Alter von 65 Jahren gemalt — das ein venetianischer Kunstfreund 1520 bei dem Kardinal Grimani sah, erwähnt nur seine stattliche, zur Fülle neigende Figur und sein rötliches Haar. Das Bild ist verschollen. Ein anderes Brustbild eines hageren Mannes in der Nationalgalerie zu London, das man lange als Selbstporträt Memlings ansah, ist seither als sicheres Werk des Dirk Bouts erkannt worden. Was sagt uns die Figur des Altars in Chatsworth? Ein bartloser Kopf, etwa der eines Vierzigers, mit über der Stirn gekürzten Haaren, sitzt auf gedrungenem Hals. Der Blick des Auges ruhig, aber eindringlich, der Mund, obwohl ziemlich breit, fein geschnitten, während die Nase dem Gesicht etwas Gewöhnliches gibt. Sonderliche Spannkraft verraten die Züge nicht, vielmehr zuwartende Ruhe und Gleichmut. Humor scheint dem etwas nüchtern dreinschauenden Kappenträger versagt, eher möchte man ihn für schwerblütig halten.

Weitergehende Folgerungen aus diesem Bildnis auf den Charakter unseres Meisters zu ziehen, bleibt jedoch mißlich, solange die Vermutung, daß kein anderer als er gemeint ist, nicht fester gestützt werden kann. Seine Bilder, deren erheblich mehr erhalten landen führte oder die dort irgendwelche Beziehungen hatten, gern an seine Werkstatt sich wandten. So wurde Memling zum Modemaler seiner Zeit. Trotzdem kam von seinem Leben so wenig sichere Kunde auf die Nachwelt, daß man im

Abb. 19. Johannes der Täufer. München. Königl. Pinakothek.
Holz: 0,51 : 0,54 m.
(Nach einer Originalphotographie von Franz Hanfstängl in München.)

blieben, als von anderen Meistern der Zeit, enthüllen genug von seinem künstlerischen Wesen, ohne daß man allzu tief zu schürfen brauchte. Offenbar sagte die aller Schroffheit abholde Art der Menge besonders zu und verbreitete seinen Ruf schnell ringsum, so daß nicht nur Brügge sich mit Werken des „deutschen Hans" füllte, sondern auch die Fremden, die ihr Weg nach den Niederachtzehnten Jahrhundert, in dem seine Schöpfungen noch immer ungeminderte Anziehungskraft übten, sein Dasein mit einem Gespinst romantischer Fabeln umwob, um den Liebling der vielen nicht ohne Ichroman präsentieren zu müssen. Unsere Zeit kann dieser willkürlichen Verbrämung empfindsamer Geschichtslyriker entraten. Wir wissen, daß die Malerei ein Handwerk war,

Kaemmerer, Memling. 3

Abb. 80. Verlobung der heiligen Katharina. Paris, Louvre.
Holz; 0,25 : 0,15 m.
(Nach einer Originalphotographie von Braun, Clément & Cie. in Dornach i. E. und Paris.)

Abb. 31. Stifter mit Johannes dem Täufer. Paris, Louvre.
Holz; 0,25 : 0,15 m.

daß der Schöpfer fast immer hinter seiner Schöpfung oder dem Auftraggeber zurücktrat, und keiner es nötig fand, die Schicksale der ehrbaren Zunftmeister aufzuzeichnen. Schon Carel van Mander, der erste Geschichtsschreiber der flämischen Kunst, klagte, daß ihm von vielen Meistern lediglich die Namen bekannt geworden; nur weniges konnte er auch über den „ausnehmend künstlichen Hans Memuelind" erfahren. Damit wird der Kunsthistoriker immer wieder auf die Gemälde als Hauptquellen der Erkenntnis zurückgewiesen. Sie nach der Zeitfolge zu ordnen, ist nicht leicht: die wenigen mit sicherer Tatierung versehenen geben keine deutliche Entwicklungsreihe, wie bei anderen Meistern, ja, ihre Tatierung widerspricht oft dem, was man aus ihnen als rein künstlerischen Dokumenten herauszulesen sich berechtigt glaubt.

Vielleicht älter noch als das Triptychon in Chatsworth ist, wenn anders man es ohne Vorbehalt den sicheren Bildern Memlings beizählen darf, das kleine Doppelbild, das aus dem Besitze eines englischen Geistlichen in das Condémuseum in Chantilly übergegangen ist (Abb. 24). Es stellt auf dem rechten Flügel die Kreuzigung Christi, auf dem linken die von Johannes dem Täufer der Gottesmutter empfohlene Stifterin dar. Neben dieser steht ein Engel, der ein Schild mit den verbundenen Wappen von Frankreich und Bourbon am Bande hält. Das Doppelwappen und der Namensheilige passen für Johanna, die Tochter Karls VII. von Frankreich, die 1452 mit Herzog Johann II. von Bourbon eine Ehe eingegangen. Ein waffenfroher Herr, der auf Frankreichs Schlachtfeldern reiche Lorbeeren errang, mochte er wohl gern auf seinen Kriegsfahrten ein Reisealtärchen mitführen, das ihm zugleich die Züge seiner Gattin vor Augen stellte. Da die um 1435 geborene Herzogin auf dem Bilde etwa als angehende Dreißigerin erscheint, wird man sich dieses annähernd im Jahre 1465 entstanden denken dürfen.

In einer heiteren Landschaft kniet Johanna von Bourbon vor einem Betschemel; der Täufer Johannes steht im härenen Gewand etwas unbeholfen hinter ihr und weist mit der Rechten auf die Gottesmutter, die, auf einer Mondsichel thronend, vom Himmel herabschwebt. Das Christkind in ihrem Schoß spendet der Beterin seinen Segen; auch Gott Vater, dessen Halbfigur über der Madonna in einem Wolkenkranz sichtbar wird, erhebt segnend die Finger der Rechten und sendet die Taube des heiligen Geistes hinab auf das Haupt seines lieben Sohnes, an dem er Wohlgefallen hat. Ein Spruchband mit den Worten: „Hic est filius meus, in quo mihi bene complacui" geht von der himmlischen Glorie aus, während ein zweites die Worte des Täufers sichtbar macht: „Siehe das Lamm Gottes, das die Sünden der Welt auf sich nimmt." Der jugendliche Engel in weißem, langfaltigem Gewand gibt sich zum Wappenhalter der Fürstin her.

In den wenigen Gestalten hat der Maler eine Fülle keuscher Anmut verkörpert, die uns fast ganz vergessen läßt, daß auch hier die seelische Verknüpfung des einzelnen zu einer Gruppe recht locker blieb. Die jugendliche Reine der Himmelskönigin, die naive Frische des Engelknaben entschädigen für die unbeholfene Haltung und die Stumpfheit des Ausdruckes des Johannes. Das ist der Typus, wie ihn Roger van der Weyden für den Prediger der Wüste festgestellt hat. Selbst den teilnahmlos ins Weite gerichteten Blick der betenden Fürstin vergeben wir gern einem Künstler, dessen Sinn so ganz in der zarten Durchführung des einzelnen aufgeht. Wie mag er sich an dem Leuchten des Goldbrokats gefreut haben, der die schlanken Glieder der Herzogin umschließt und noch gehoben wird durch das granatrote, mit Hermelin besetzte Obergewand aus Samuel. Gewiß gab er sein Bestes, als er seine kleinen Figürchen so herausstaffierte, die Maria mit einem leuchtenden Strahlenkranz und einer Sternenkrone, die Tiara Gottvaters mit Perlen und Edelsteinen schmückte, die goldenen Lilien des bourbonischen Wappens auf die Sammetdecke des Betpultes setzte — und dennoch spricht aus all diesem redlichen Bemühen keine Selbstgefälligkeit, kein Zurschaustellen stolzen Könnens, sondern rührende Bescheidenheit und Hingabe eines gläubigen Gemütes.

Rein künstlerisch verdient die Raumfüllung und Verteilung der Gestalten im Bilde wegen ihrer Freiheit Beachtung. Die starre Symmetrie ist bewegter Linien-

Abb. 32. Madonna mit Stifter. Wien. Galerie Liechtenstein.
(Nach einer Originalphotographie von Braun, Clément & Cie. in Dornach i. E. und Paris.)

Abb. 33. Außenflügel des Jüngsten Gerichts. Danzig, Marienpfarrkirche.
Holz: 2,22 : 1,60 m.

führung gewichen. Nur die Figur der thronenden Madonna wirkt etwas zu schwer und körperhaft für eine visionäre Erscheinung.

Auch der rechte Flügel des Triptychons bekundet in der Komposition viel Freiheit der Bewegung. Auf dem Kalvarienberg, von dem man auf Jerusalem herabblickt, ragen die drei Kreuze in den von schweren Wolken verfinsterten Himmel. Dem verscheidenden Erlöser reicht ein berittener

Abb. 51. Das Jüngste Gericht. Mittelbild des Altars in der Marienpfarrkirche zu Danzig.
Holz: 2,87 : 1,60 m.

Söldner an langer Stange den Essigschwamm zur letzten Labung, während Longinus seine rechte Seite mit der Lanze durchbohrt. Die beiden Schächer haben bereits ausgelitten; schmerzhaft verrenkt sind die Glieder des einen, während der andere in Totenstarre dem Beschauer den Rücken kehrt. Hauptleute und Kriegsknechte in phantastisch-orientalischer Tracht blicken zu den Kreuzen empor. Links bricht Maria in den Armen Johannis ohnmächtig zusammen, während Maria Magdalena in leidenschaftlichem Schmerz die Hände zum gekreuzigten Heiland emporstreckt.

Die Gruppe der Zuschauer rechts im Vordergrunde zeigt in den Kopftypen einige Verwandtschaft mit den Gestalten des sogenannten Meisters von Flémalle; gleichwohl finden wir auf diesem Flügel gerade die meisten Eigenheiten der frühen Kunst Memlings, während das Stifterbildnis des rechten Flügels weniger bestimmt seine Hand weist. Die kleine Doppeltafel wurde denn auch bisher nicht ihm, sondern dem Maler von Valenciennes Simon Marmion zugeschrieben; die künstlerische Persönlichkeit dieses Prätendenten ist durch beglaubigte Bilder aber nicht genügend klargelegt, um darauf hin Memling einer seiner Schöpfungen zu berauben. Zunächst erscheint ja näher liegend, daß ein Herzog von Bourbon einen französischen Maler mit Aufträgen bedachte; indes finden wir auch einen anderen Niederländer im Dienste der Bourbons. Ter Bruder Herzog Johanns, Karl, der als Erzbischof von Lüttich 1451 die Kardinalswürde erlangte, hatte sich in jüngeren Jahren von dem aus Gent stammenden und mit Memling in Brügge sicher in Verkehr stehenden Hugo van der Goes porträtieren lassen.*) Wenn wir uns Goes auch hier wieder als Vermittler des Auftrages an Memling denken, so leiten uns nicht nur äußere Erwägungen, sondern auch die Wahrnehmung, daß die beiden fast gleichalterigen Schüler des Roger van der Weyden künstlerisch einander ungemein nahe stehen, so daß heute noch ein eifriger Memlingforscher, wie der mehrfach genannte J. A. Wauters, die beiden

verwechseln konnte. Es sei nur kurz erwähnt, daß er das sicherlich von Goes gemalte Triptychon der Liechtensteingalerie mit der Anbetung der Könige und zwei Flügelbilder der K. K. Galerie zu Wien, die ebenso unzweideutig die Vaterschaft desselben Meisters bekunden, dem Memling zuschreibt. Minder kühn dürfte es erscheinen, zwei Madonnenbildchen in amerikanischem Privatbesitz (Abb. 25) und in der Sammlung Layard in Venedig (Abb. 27) als Zeugen für eine innige künstlerische Berührung zwischen Goes und Memling aufzurufen. Sie gehören zu einer Gruppe kleiner Muttergottesdarstellungen, die in großer Zahl für die Privatandacht hergestellt, in den Malerwerkstätten des fünfzehnten Jahrhunderts offenbar in mehrfacher Wiederholung vorrätig gehalten wurden; zum Teil von Gesellenhänden ausgeführt, zeigen sie keinen besonders scharf ausgeprägten Charakter, vielmehr ein Gemisch von Eigentümlichkeiten verschiedener Meister. Die herben, scharf gezeichneten Gesichtsformen der Madonna in Newport (Abb. 25) gemahnen an Hugo van der Goes; ohne doch völlig dessen Stil zu zeigen. Die Behandlung der Hände, das innige Motiv und das Christkind haben ungemein vieles von dem, was wir als Eigenart Memlings bezeichnen. Eine Wiederholung im Nationalmuseum zu Florenz (Abb. 26) bestärkt diesen Eindruck.

Wesentlich später entstanden, zeigt die Madonna der Sammlung Layard (Abb. 27) ein ähnliches Gemisch von Memlingschen und fremden Zügen.

Ein Vergleich mit der sicherlich von unserem Meister herrührenden, besonders reizvollen Halbfigur der Madonna in der Galerie des Fürsten Liechtenstein zu Wien (Abb. 28) rückt den Werkstattcharakter und Mischstil der venetianischen Tafel ins rechte Licht. Zwischen zwei Säulen, deren Kapitäle mit biblischen Figuren verziert sind, ist ein Brokatteppich aufgespannt, von dem sich die Halbfigur der Gottesmutter abhebt. Das schmale Oval ihres Gesichtes, der spitze Mund und der überschlanke Hals sind nach dem Formenkanon Rogers van der Weyden gebildet, auch das kleinliche Gefältel des Schleiersaumes erinnert mehr an den Brabanter

*) zwei eigenhändige Ausführungen dieses Bildnisses befinden sich in Chantilly und im Germanischen Museum zu Nürnberg.

Hans Memling.   41

Abb. 35. Die Paradiesesplatte.
Linker Flügel zu Abb. 34. Holz: 2,22 : 0,80 m.

Abb. 36. Der Höllenrachen.
Rechter Flügel zu Abb. 34. Holz: 2,22 : 0,80 m.

Altmeister, als an seinen Schüler. Das
segenspendende Christkind dagegen mit seiner
altklugen Liebenswürdigkeit, seinen drallen

Formen und dem goldgelockten Köpfchen
kann kein anderer als Memling gemalt
haben. Daß er hier noch nicht völlig

mündig erscheint, darf nicht wunder nehmen. Wenn er überhaupt vor seiner Übersiedelung nach Brügge gemalt hat — wofür wir allerdings gar keine sicheren Anhaltspunkte haben — so mußte doch die neue Umgebung seine ganze Art, zu sehen und zu schildern, völlig umwandeln. Mehr als alle anderen Deutschen, die in Flandern dem Evangelium der neuen Kunst lauschten, hat er sich deren Ausdrucksweise angeeignet. In Martin Schongauers und Friedrich Herlins Schöpfungen klingt die niederländische Formensprache, die sie bei Roger erlernt, wohl auch durch, aber sie entlehnen ihr gewissermaßen nur einige Redewendungen, ohne doch in ihr zu denken. Memlings Bilder dagegen kann man sich füglich nirgends anders entstanden denken, als in Brügge. Man glaubt aus einzelnen, namentlich der Frühzeit, noch den besonderen Dialekt eines Roger oder Goes herauszuhören.

So hat man auch auf ein unzweifelhaftes Bild Memlings in verhältnismäßig früher Zeit die Signatur: H. v. d. Goes 1472 gesetzt. In der alten Pinakothek zu München finden wir diesen Pseudogoes: Johannes der Täufer, in idyllischer Waldlandschaft sitzend (Abb. 29). Er ist längst von der Forschung seinem rechtmäßigen Urheber wieder zurückgegeben worden. Vorsichtiger als der Fälscher der Inschrift drückte sich ein venetianischer Kunstfreund aus, der am Anfang des XVI. Jahrhunderts in der Sammlung des bekannten Humanisten Pietro Bembo das Bildchen noch in seiner ursprünglichen Fassung mit einem anderen vereinigt sah und folgendermaßen in seinem Reisetagebuch beschrieb: „Das kleine Diptychon mit dem bekleideten heiligen Johannes und seinem Lamm, der in einer Landschaft sitzt, auf dem einen Flügel, und unserer Lieben Frau mit ihrem Kind auf dem anderen in einer Landschaft, waren von der Hand Hans Memlings im Jahre 1470 gemalt; „in salvo el vero" fügte er, später seinen Text ausbessernd, hinzu: „wenn's nämlich wahr ist." Die Zweifel unseres würdigen kunstkritischen Ahnherrn waren unbegründet. Thatsächlich hat „Zuane Memglino" dies liebenswürdige kleine Bild gemalt, und wir wissen Antonio Michiel Dank dafür, daß er die Überlieferung auf-

zeichnete, daß dies im Jahre 1470 geschehen ist. Sie stützte sich vielleicht auf eine auf dem Madonnenflügel angebrachte Inschrift, denn die dem Münchener Bilde aufgesetzte Inschrift ist eine plumpe Fälschung.

Johannes sitzt in härenem Gewand, über das ein roter Mantel gebreitet ist, auf einem Felsen der Wüste neben einer Quelle. Seine Rechte weist auf das Lamm Gottes, das rechts von ihm im Grase liegt. Ein stiller Waldgrund mit Weiher, aus dem ein Hirsch trinkt, läßt die Wüsteneinsamkeit wenig schreckhaft erscheinen. Die schärfere Bildung der Baumkronen, die sich, wie ausgerupft gegen den blauen Himmel absetzen, verrät den Zögling Rogers, auch die Falten des Gewandes haben etwas von dessen Härte und Eckigkeit. Der sinnige Ausdruck aber des zart modellierten, von krausem Blondhaar umrahmten Kopfes ist Memlings eigenstes Werk.

Klein, wie die meisten frühen Bilder Memlings ist auch eine Doppeltafel, deren beide Teile, nachdem sie lange in Privatbesitz getrennt waren, sich heute im Louvre wieder zusammengefunden haben (Abb. 30 und 31). Der linke Flügel stellt Maria auf einer umbuschten Wiese sitzend im Kreise von sechs weiblichen Heiligen dar, deren eine, die heilige Katharina, dem Christkind den Ringfinger der Rechten entgegenstreckt, um den Verlobungsring zu empfangen. Eine naive Verbildlichung der Legende, nach der bei ihrem Martertode die Stimme Christi ihr zurief: „Komme, meine geliebte Braut, die Himmelspforten sind dir geöffnet!"

Die Versammlung anmutiger heiliger Jungfräulein um die Mutter Gottes war ein Vorwurf, den Memling besonders gut gelang. Er schuf hier das Vorbild für zahlreiche Wiederholungen, die immer wieder und wieder verlangt wurden.*) Die ganze Holdseligkeit seiner Kunst spiegelt sich in diesem Idyll. Die — man verzeihe den scheinbaren Widerspruch — kokette Züchtigkeit der modisch herausstaffierten heiligen Backfische mit ihrem von den durchsichtigen Schläfen artig zurückgekämmten Blondhaar, ihren vergnüglich blinzelnden Augen, ihren

---

* Ich nenne nur die Bilder in München (117), in der Accademica di San Luca in Rom, in Rouen, Brüssel und Genua (Palazzo Bianco).

Abb. 37. Anbetung der heiligen drei Könige. Madrid. Prado. Oelg. 0.95 : 1,47 m.
(Nach einer Originalphotographie von J. Laurent & Cie. in Madrid.)

Abb. 38 Darstellung im Tempel. Madrid. Prado. Holz: 0,95 : 0,73 m.

Abb. 59. Geburt Christi. Madrid. Prado. Holz: 0,95 : 0,73 m.

Stumpfnäschen und graziösem Körperbau, lenkt nicht etwa den Sinn des Beschauers auf verfängliche Nebengedanken. Sie entspricht der säuberlichen Nettigkeit, die einer Darstellung himmlischer Jugend nach Memlings Anschauung nicht fehlen durfte. Wie die Natur sich im Schmuck ihres grünen Sommerkleides präsentiert, so mußte auch weltliche Anmut den heiligen Gestalten Glanz und Schimmer leihen, der solchem festlichen Ereignis, wie der Verlobung der Katharina wohl ansteht.

Auf dem rechten Flügel kniet unter dem Schutz Johannis des Täufers der Stifter, ein bartloser Mann mittleren Alters in langem, ungegürtetem Rock. Das Wappen zu seinen Füßen ist leider bisher nicht heraldisch ermittelt. Die hagere Gestalt des Schutzheiligen ist der auf dem Münchener Bilde aufs engste verwandt. Seine Rechte weist auf die Heiltgenversammlung des linken Bildes. In der Landschaft, deren Mittelgrund einen stillen, idyllischen Charakter trägt — zwischen den Bäumen am Bach gewahren wir einen Waldhasen, der mit gestreckten Läufen das Weite sucht — verrät sich noch ziemliches Ungeschick für malerische Raumvertiefung. Gegen alle Gesetze perspektivischer Verschiebung verstößt die Art, wie der Maler Episoden aus der Geschichte Johannes des Evangelisten — seine Vision auf Patmos — und des Drachentöters Georg im Hintergrund geschildert hat. Auch in dieser Unsicherheit glaube ich ein Anzeichen der frühen Entstehung des Pariser Doppelbildes zu erkennen. Es läßt sich beobachten, daß Memling bei zunehmender Reife die unwahrscheinlich hohe Horizontlinie vermeidet und auch die Größenverhältnisse zwischen Vegetation, Staffage und Architektur richtiger abwägen lernt.

Mit der Jahreszahl 1472 ist ein Madonnenbild in der Galerie des Fürsten Liechtenstein zu Wien bezeichnet, das einen weiteren chronologischen Anhalt für die Gruppierung der Werke Memlings bietet (Abb. 32), obwohl die Form der Zahlen einigen Zweifel an ihrer Echtheit aufkommen läßt. Die schlanke Maria steht, ihr mit einem Hemdchen bekleidetes Kind im Arme haltend, in engem Gemach, das durch ein Fenster auf der rechten Seite Licht empfängt. Vor ihr kniet ein Beter in langer Houppelande, der Madonna vorgestellt durch einen greisen Kuttenträger, den das Einsiedlerglöcklein und das höchst unheilige Tier, das sich seines Schutzes erfreut, als heiligen Antonius legitimiert. Wieder bemerkt man, daß die im Bilde vereinigten Gestalten nur äußerlich zu einer Gruppe zusammengestellt sind. Zwar blickt die Madonna huldvoll lächelnd zu dem Schutzbefohlenen herab, und das sehr ernsthafte Kind spendet ihm seinen Segen, aber sowohl der heilige Antonius, wie auch der Beter blicken starr ins Weite. Dem Beschauer wird nicht sonderlich warm bei solcher Werkeltagsfrömmigkeit, aber er freut sich an der gefälligen Abrundung des einzelnen, an dem freundlichen Licht, das das Ganze umfließt und für die fehlende innere Wärme entschädigt.

Eine leise, gedämpfte Empfindung, die sich vor lebhaftem Ausdruck scheut, lebt in solchen Schöpfungen. Mimosenhaft schließen sie sich bei näherem Vordringen in sich zusammen. Zart, wie sie gefühlt sind, wollen sie auch genossen sein.

Und doch war dieselbe Hand, die so ängstlich jeden grellen Ausdruck meidet, bereit und geschickt, zur gleichen Zeit das höchst pathetische Schauspiel des Jüngsten Gerichtes zu schildern.

In der Dorotheenkapelle der Marienpfarrkirche zu Danzig steht das Altarwerk, das nach dem kunstarmen Nordosten Teutschlands die erste aufregende Kunde trug von den Wundern und Thaten der neu aufblühenden flandrischen Kunst.

Ein seltsamer Zufall verschlug Memlings größte Schöpfung an den Strand der Weichsel.

Die Burgunderherzöge hatten früh bereits die Wichtigkeit des überseeischen Verkehres für ihre dem angestammten Besitz zuerworbenen Nordprovinzen, insbesondere auch die Handelsstädte Gent und Brügge, erkannt. Sie begünstigten die Niederlassungen italienischer und spanischer Handelshäuser um so lieber, als diese gefügigen Gäste durch ihre Geldmachtstellung die stets zur Aufsässigkeit geneigten einheimischen Geschlechter in Schach zu halten vermochten. So wurde schon 1441 allen Zuzüglern, „welcher Nation und Abstammung sie sein mochten", die Erwerbung des

Abb. 40. Stifterin mit einer Schutzheiligen. Paris. Sammlung Kann. Holz: 0,81 : 0,30 m.

Abb. 41. Stifter mit dem heiligen Wilhelm. Paris. Sammlung Kann. Holz: 0,81 : 0,30 m.

Bürgerrechtes in Brügge erleichtert, und in kaum vier Jahren hatten nicht weniger als 1677 Männer und 138 Frauen inner- mehr als 150 ausländische Fahrzeuge den Hafenzoll in Sluys entrichteten.

Zweiundfünfzig Handwerkergilden zählte

Abb. 12. Christus am Kreuz mit Heiligen und Stifter.
Vicenza. Pinakothek. Holz: 83 : 64 m.
(Nach einer Originalphotographie von Gebr. Alinari in Florenz.)

halb der so bereitwillig geöffneten Mauern ihre neue Heimat gefunden. Brügge stand auf dem Höhepunkt seiner Macht, als es um die Mitte des Jahrhunderts 150000 Einwohner zählte, als oft an einem Tage man; der Verkehr in der heute einsamen und stillen Stadt war damals so groß, daß man bei Schluß der Werkstätten, die „Wereclocke" erschallen ließ, damit die Mütter ihre Kinder von der Straße ins Haus rufen mochten, um Unglück zu vermeiden. Auf den Plätzen plätscherten lustige Springbrunnen, die Brücken waren mit zierlichen Bronzestandbildern geschmückt. Ein fesselndes, lebensvolles Bild von Glück und Macht that sich vor den Augen des Wanderers auf, der durch eines der stark bewehrten Thore die zweite Hauptstadt Flanderns betrat.

Unter den Ausländern, die aus dem Anwachsen des Verkehres und Wohlstandes reichen Nutzen zu ziehen verstanden, nahm Tommaso Portinari eine hoch angesehene Stellung ein. Er hatte als Bankagent der Mediceer wiederholt den Herzögen von Burgund wichtige finanzielle Dienste geleistet und dabei seinen eigenen Reichtum ins Unermeßliche gesteigert. Heute noch steht in der Naaldestraat, mit stattlichem Turmbau geschmückt, sein Wohnhaus, das er von Pieter Bladelin erworben. Im Inneren, das einer Spitzen-

Bild 43. Anbetung der heiligen drei Könige. Mittelbild des Altarwerkes. Brügge, Johannishospital. Holz: 0,48 : 0,57 m.

klöpplerinnenschule eingeräumt ist, begegnet uns wiederholt das Wappen der Medici und das Abzeichen des Ordens vom Goldenen Vließ, das an den ersten Besitzer

Sohn des kunstfreundlichen Florenz wußte aus der Blüte der flandrischen Malerei Honig zu saugen, indem er bei Hugo van der Goes ein großes Altarwerk bestellte, das in dem von seinen Ahnen gestifteten Hospital der Kirche Santa Maria Nuova zu Florenz den Ruhm des Namens Portinari auf die Nachwelt bringen sollte. Ebenso stand er mit Memling in Verbindung, wenn wir der Nachricht Vasaris trauen dürfen, daß Ausse — so verdirbt er den Namen Hans), — der Schüler Rogers, für die Familienkapelle der Portinari in Santa Maria Nuova ein kleines Bild gemalt habe, welches das Leiden Christi darstellte und später in den Besitz des Cosimo dei Medici überging.

Abb. 44. Darstellung im Tempel.
Rechtes Flügelbild zu Abb. 43. Holz: 0,48 : 0,29 m.

Für Rechnung italienischer Geschäftsfreunde nun befrachtete das Haus Portinari im Jahre 1473 eine Galeyde „St. Thomas" in Brügge mit köstlichen Tuchen, Pelzwerk, Spezereien, Teppichwirkereien u. a. im Werte von etwa anderthalb Millionen Mark. Sie sollte über London nach Italien laufen und barg unter ihren Kostbarkeiten auch das für eine italienische Familie bestimmte Altarwerk Memlings, das Jüngste Gericht. Da dies Schiff englischen Kaufleuten gehörte — wenn es auch unter neutral burgundischer Flagge von einem französischen Kapitän geführt wurde und die Hansa, zu

erinnert. Den Chor der Jakobskirche hatte Tommaso Portinari für seine Familie als Hauskapelle einrichten lassen und sicherlich auch mit Kunstwerken ausgestattet, von denen sich freilich nichts erhalten hat. Der

deren vornehmsten Bundesstädten Danzig damals gehörte, mit England im Streit lag, trug der kühne Danziger Schiffer Paul Beneke, der mit seiner „Caravelle", genannt „der Peter von Danzig",

damals gerade in seeräuberischer Absicht im Kanal kreuzte, kein Bedenken, es als willkommene Beute zu kapern. Um den reichen Raub in Sicherheit zu bringen, landete man ihn zunächst in Stade bei Bremen und verkaufte hier die Schiffsladung. Drei Danziger Patrizier und Mitglieder der Georgenbrüderschaft des dortigen Artushofes, Sidinghusen, Valandt und Nieder-greiflicherweise zog die kecke That des Danziger Piraten viele Reklamationen nach sich. Sowohl der Herzog von Burgund, dessen Flagge beschimpft war, als auch die geschädigten italienischen Handelsherren erhoben Klage wider den Raub. Sogar der Papst Pius IV. wurde auf Drängen der Medici, Marcelli und Sassetti, die alle Anteil an der Fracht der Galere

Abb. 46. Johannes der Täufer und die heilige Veronika.
Außenflügel zu Abb. 43.

hof, waren die Reeder des Peter von Danzig. Sie wußten sich offenbar bei der Teilung der Prise das Altarwerk Memlings zu sichern und stifteten es auf den Georgsaltar ihrer Brüderschaftskapelle in der heimatlichen Pfarrkirche. Eine Tanziger Chronik meldet bei der Nachricht von dem glücklichen Fang der burgundischen Galeyde: „Auf dieser ist die Taffel gewesen, welche auf S. Jorgens juntern altar gesetzt ist, ein schön, albes, kunstreiches malwerk vom jüngsten Tage." Be-hatten, mit der Angelegenheit befaßt und bedrohte den Räuber Paul Benete mit den höchsten Kirchenstrafen, falls er seine Beute nicht herausgäbe. Der Prozeß blieb indes unerledigt und Memlings Altarwerk im Besitz der Georgenbrüder zu Danzig, das es nur während der Zeit der französischen Fremdherrschaft für einige Zeit hergeben mußte, als alle wertvollen Kunstwerke der eroberten Länder nach Paris wanderten, um dann nach den Friedensbestimmungen von 1815 zum Teil ihren

Abb. 47. Johannes der Täufer und der heilige Lorenz.
London. Nationalgalerie. Holz: 0,56 : 0,17 m.
(Nach einem Kohledruck von Braun, Clément & Cie. in Dornach i. E., Paris und New York.)

Besitzern wieder zurückgegeben zu werden. Im Jahre 1851 sandte man das Bild nach Berlin, wo Professor Keller die Schäden älterer Restaurierungsversuche — solche hatte bereits 1718 der Danziger Maler Christoph Kray und 1815 in Berlin Professor Bock angestellt — auszubessern bemüht war.

Das Bild — vielleicht die am höchsten hervorragende Schöpfung Hans Memlings — hat die Gelehrten zu lebhaftem Streit aufgeregt. Da es in Danzig verhältnismäßig lange der vergleichenden Untersuchung fahrender Kunsthistoriker entrückt blieb, schwankte man, es Memling zuzuerkennen. Alle möglichen Meisternamen wurden erprobt. Und dennoch kann für niemand, der Memlings beglaubigte Schöpfungen kennt, ein Zweifel darüber sein, daß seine Hand hier den Pinsel geführt.

„Ein schön, altes, kunstreiches Malwerk vom jüngsten Tage", diese, ehrliche Bewunderung tönenden Worte des Danziger Chronisten Melmann finden Wiederhall bei jedem, der aus dem hoch gewölbten Querschiff der Marienkirche vor den Altar der Dorotheenkapelle — in diese wurde das Bild 1817 überführt — tritt.

Sind die Flügel geschlossen, so erblickt man — in grauer Steinfarbe gemalt unter rundbogigen Nischen — die Figuren der Madonna und des heiligen Michael; vor dem Sockel dieser als Steinbilder gedachten Gestalten knieen betend die Stifter des Bildes: links in schwarzer Houppelande, aus der nur ein schmaler Hemdvorstoß am Halse hervorguckt, der Mann, rechts in roter Sammetrobe mit weißem Besatz dessen Ehefrau (Abb. 33). Wappenschilder sind neben ihnen angebracht, die Aufschluß verheißen über ihre Namen. Leider haben die bisherigen heraldischen Deutungsversuche zu keinem sicheren Ergebnis geführt. Die dem Wappen der Frau beigegebene Devise: pour non faillir führte der aus einer mailändischen Familie stammende Kardinal Branda Castiglione. Anklänge an mailändische Familienwappen sind auch in dem Stifterwappen nachweisbar. Ein altes Wappenbuch des Berliner Kupferstichkabinetts bezeichnet den schwarzen Löwen im goldenen Felde als Wappenzeichen einer Familie La Perace, während die goldene Zange mit Devisenband als Zeichen der Familie Le Marchaul im Mailändischen angeführt wird. Daß die Portinari mit Mailand in Beziehung standen, ergibt sich daraus, daß Pigello Portinari († 1468) die Bank der Medici in Mailand vertrat. Trotzdem muß man bei weiteren Nachforschungen auch mit der Möglichkeit rechnen, den Auftraggeber des Bildes in Pisa oder Florenz zu finden, da nachweislich für diese Städte ein Teil der Fracht des „St. Thomas" bestimmt war.

Italienisch ist der Kopfschmuck der Stifterin, ein lose über das Haar gelegtes Schleiertuch mit Perlen und Goldfransen, — wobei allerdings nicht verheimlicht werden darf, daß gerade dieser in seinen Verhältnissen verunglückte Kopf durch Putzen und Übermalung viel gelitten hat; ebenso trägt der Mann die Haare nach italienischer Sitte aus der Stirn gekämmt, während in den Niederlanden ein anderer Haarschnitt Mode war. Aber auch von diesem Kopf ist nur die Untermalung alt. Vielleicht hatte ihn der Maler, da er seinen Auftraggeber nicht von Angesicht kannte, anfänglich unausgeführt gelassen.

Die Figuren der Madonna und des Erzengels Michael sind mit dem ganzen Liebreiz Memlingischer Kunst angetan. Maria mit dem in ein Linnenhemd gekleideten Christkind, das mit einem Vögelchen spielt, auf dem Arm, erinnert in ihrer stillen Milde an das oben geschilderte Muttergottesbild in der Galerie Liechtenstein (Abb. 32). Der Faltenwurf des vorn ein wenig emporgezogenen Mantels ist vielleicht etwas härter als dort, um die Illusion des Steinmaterials zu erwecken. Auf dem leise gesenkten Haupt, das von gewelltem Haar umrahmt wird, prangt eine Lilienkrone, über ihr ist ein kreisrunder Baldachin aufgehängt.

In unwahrscheinlich zierlicher Haltung erwehrt sich der geflügelte Engelritter Michael der Dämonen, die an seinem langen Schultermantel zerren, mit dem Schwert. Wir müssen ihn uns vom Himmel herabeilend denken, um den halb schwebenden Schritt seiner Füße zu verstehen. Sein lockiger Knabenkopf allein schon würde Memling als Maler dieser Gestalt verraten, die der schönsten eine ist, die er geschaffen. Jeder Zweifel an seiner Urheberschaft aber schwindet bei der Betrachtung der Innen-

Abb. 46. Johannes der Täufer und Maria Magdalena. Paris. Louvre.
Holz; 0,48 : 0,12 m.
(Nach einem Kohledruck von Braun, Clément & Cie. in Dornach i. E., Paris und New York.)

malerei des Altarschreines: des Jüngsten Gerichtes (Abb. 34—36).

Eine Gestaltenfülle, wie sie ähnlich bis dahin nur aus dem Genter Altar der Brüder van Eyck uns bekannt ist, hat der Maler zu meistern unternommen. Zwar war das Thema in der deutschen und flandrischen Malerei nicht neu: ein Jan van Eyck nahe stehender Maler hatte es auf einem Flügelbilde (Ermitage St. Petersburg) behandelt, und Petrus Cristus wußte nichts Besseres zu thun, als diese Vorlage zu kopieren, als er 1452 den Auftrag erhielt, für eine Kirche zu Burgos den gleichen Gegenstand zu malen (Berlin, Königliche Gemäldegalerie). Roger van der Weyden stellte in dem von Nicolas Rolin bestellten Altar des Hospitales zu Beaune, um 1447 den Typus auf, der für die Folgezeit Geltung behalten sollte. Die Darstellung wurde von ihm als Breitbild gemalt, die Schilderung der Höllenstrafen und der Himmelsseligkeit auf die Flügelbilder verwiesen. Der Meister Stephan hatte zur selben Zeit ein Jüngstes Gericht für die Lorenzkirche in Köln geschaffen, das Memling wohl ebenfalls nicht unbekannt geblieben war. Nur schriftliche Überlieferung meldet von einer Schilderung der letzten Dinge durch Dierik Bouts. Die reifste Durchbildung des Vorwurfes aber bleibt die Memlings.

Abb. 49. Madonna mit Heiligen. Mittelbild des Altars der Spitalbrüder von St. Johann, Brügge, Johannishospital. Holz: 1,72 : 1,72 m.

Abb. 50. Enthauptung Johannes
des Täufers. Linker Innenflügel zu Abb. 49.
Holz: 1,72 : 0,46 m.

Abb. 51. Johannes auf Patmos.
Rechter Innenflügel zu Abb. 49.
Holz: 1,72 : 0,46 m.

Im oberen Teil des Mittelbildes (Abb. 31) thront auf farbenschillerndem Regenbogen der Weltrichter in goldener Glorie; von seinem Antlitz geht zur Linken das Schwert der Vergeltung, zur Rechten der Lilienzweig der Unschuld und Vergebung aus. Engel mit den Leidenswerkzeugen umschweben ihn, andere lassen aus den Wolken zu seinen Füßen, die auf der Weltkugel ruhen, die Posaunen des letzten Tages erschallen. Schon hat sich der Gerichtshof der zwölf Apostel zu beiden Seiten des Herrn versammelt, Johannes der Täufer und Maria als Fürbitter der Menschheit knieen rechts und links. Ein tiefblauer Himmel, nur am Horizont zu lichtem Weiß abgetönt, spannt sich über die Erde, aus der die Leiber der Toten auferstehen. In ihrer Mitte ragt in goldenem Panzer der Vollstrecker des göttlichen Richtspruchs, der Erzengel Michael, in der Linken die Wage haltend, auf der Gerechte und Ungerechte gewogen werden. Tief sinkt die Schale mit dem knieenden Beter herab, während in qualvoller Verzweiflung der Sünder auf der emporschnellenden rechten Wagschale seine Glieder verrenkt. In den beiden ist das Grundmotiv angeschlagen, das in den zahllosen Gestalten rechts und links mannigfach variiert fortklingt. Staunen und Überraschung malt sich auf den Gesichtern der zu neuem Leben Erweckten, leidenschaftlicher Schmerz verzerrt die zum zwiefachen Tode Verdammten auf der rechten Seite des Bildes, das eine Fortsetzung in den beiden schmalen Flügeln findet.

Links begrüßt Petrus und eine Engelschar die Erstandenen, die auf Kristall-
Effekten in Scene gesetzt. Mit der Fülle ausdrucksvoller Gebärden und wechselnder Motive in den meist unbekleideten Gestalten wetteifert die von dunklem Blaugrün zu leuchtendem Gold, Hochrot und Weißblau aufsteigende Farbenskala. Gemessene Ruhe

Abb. 52. Stifter mit Schutzheiligen. Außenflügel zu Abb. 49.
Holz: 1,72 : 1,72 m.

stufen zu der in reichem Steinschmuck strahlenden Himmelspforte emporsteigen (Abb. 35). Rechts aber verschlingen die lodernden Flammen des Höllenschlundes die herabstürzenden Leiber der zu ewigen Qualen Verurteilten (Abb. 36).

Das große Drama des Jüngsten Tages ist hier mit einem unerhörten Aufwand an
herrscht in den himmlischen Regionen; gleichwohl sind die zwölf Beisitzer, die im Halbkreise um den Richterstuhl Christi auf einem Wolkenkranz sich niedergelassen haben, lebendig individualisiert: der bartlose Kopf des dritten Apostels auf der rechten Seite trägt Porträtzüge, die an die Herzog Philipps des Guten von Burgund erinnern;

Abb. 53. Bassano Christi. Turin. Königl. Pinakothek. Oel: 0,55 : 0,80 m.
(Nach einer Originalphotographie von Anderson in Rom.)

ähnlich hat auch Roger van der Weyden in seinem Altar zu Beaune, der offenbar Memling als Vorbild diente, den Landesherrn den himmlischen Scharen zugesellt. Maria und Johannes sind sehr verwandt den gleichen Gestalten der Berliner Tafel (Abb. 20).

Von strahlendem Sonnengold und lichten Regenbogenfarben heben sich die Apostelköpfe kräftig ab. Auf den im Morgengrauen dämmernden irdischen Fluren beherrscht der in übermenschlicher Größe gebildete Erzengel mit bunt schimmerndem Flügelpaar und gelbrotem Brokatmantel die Mitte der Komposition. Ergreifend wirken die mannigfach bewegten Gestalten der Auferstehenden. Memling offenbart hier eine Kenntnis des menschlichen Leibes, die billig Staunen wecken muß. Ein Vergleich mit der Schilderung Rogers zeigt, daß er seinen Meister übertroffen, die Härten seiner eckigen Formensprache zu mildern vermocht hat, ohne doch an Schärfe des Ausdruckes einzubüßen. Gleiche Bewunderung verdienen die Seligen des linken Flügels, deren schlanke Anmut sich über alles erhebt, was die flandrische Kunst des Jahrhunderts in der Darstellung des Nackten geleistet, während den gewaltsam verrenkten Leibern der Höllenanwärter noch manche Ungeschicklichkeit anklebt.

Den reinsten Genuß aber gewährt das Studium der Köpfe, in denen so mannigfache seelische Erregung sich spiegelt, daß der Beschauer nicht müde wird, in ihnen zu lesen. Das Staunen der vom Todesschlaf jäh Erwachten bei dem Anblick des neuen Lichtes, das überquellende Dankesgefühl der Erlösten, die bescheidene Scheu und Ehrfurcht beim Beschreiten der zur Himmelsthür führenden Stufen, alles ist dem Maler trefflich gelungen; in diesem Teile der Schilderung verrät er besonders deutlich seine Bekanntschaft mit dem Jüngsten Gericht Meister Stephans aus der Lorenzkirche zu Köln, ohne daß ihm eine direkte Entlehnung nachzuweisen wäre. Wie rührend wirkt die Naivität, mit der er Petrus einem der Ankömmlinge die Hand drücken läßt, als gelte es, einen alten Bekannten zu grüßen; neugierig und etwas neidisch wendet ein anderer sich zu dem so Ausgezeichneten zurück. Engelknaben streuen von der Edbalustrade des Portalbaues den Ankömmlingen Blumen auf den Weg. Nur ein Kindergemüt findet solche Züge. Kindlich wirkt auch das Übermaß an grellen Gebärden bei den Verdammten. Roger van der Weyden gab den Opfern des Fegefeuers dämonische, bis zur Fratze gesteigerte Wildheit: er schilderte die Bestie im Menschen. Bei Memling überwiegt das rein künstlerische Interesse an kühnen Verkürzungen und heftigen Bewegungsmotiven, die allerdings stets etwas Lahmes, Unfreies behalten. Nicht Grauen sollen die Unglücklichen erregen, sondern Mitleid. Niemals hat seine Einbildungskraft sich an Fremderes gewagt. Sein Eifer macht den Beschauer lächeln. Dennoch bleibt ernster Bewunderung genug übrig. Mit der Leuchtkraft und Brillanz der Farben wetteifert die Feinheit der Modellierung der elfenbeinglatten Körper, die durch zarte graue Lasuren erzielt, bei aller zeichnerischen Durchbildung doch nie in harte Leblosigkeit fällt. Die Bewegungsmotive sind nicht frei und ungezwungen, aber weniger steif als in anderen Werken der gleichen Zeit, einzelne sogar von ergreifendem Ausdruck; so z. B. die Frau links im Vordergrunde des Mittelbildes, die aus dem Todesschlummer bestürzt sich aufrichtet und mit der Hand nach dem Kopfe faßt, als wolle sie sich der Wirklichkeit so wunderbarer Geschehnisse rings umher vergewissern; oder der neben ihr knieende Mann, der in überquellender Dankesfreude die Hände zum Himmel hebt. Weiter im Mittelgrunde hockt ein weibliches Wesen händeringend auf einem Leichenstein, der eine nur zum Teil sichtbare Umschrift trägt. Diese Inschrift hat wiederholt die Wißbegier der Kunstforscher in die Irre gelockt. Sie lautet — sinngemäß ergänzt —: (H)ic jac(et) anno do(mi)ni (MC)CCCLXVII ... Hier liegt begraben im Jahre des Herrn 1467 ... Wer nicht annehmen will, daß Memling lediglich einen Grabstein in seiner allgemeinen Erscheinung — d. h. mit einer Inschrift, die das Sterbejahr des Bestatteten anzeigt — hier auf dem großen Totenacker der Menschheit malen, sondern an ein besonderes, für ihn oder den Besteller wichtiges Ereignis mit der Jahreszahl erinnern wollte, der sei darauf hingewiesen, daß 1467 der Herzog Philipp der Gute von Burgund aus dem Leben geschieden war und seine

Unterthanen in tiefer Trauer zurückgelassen hatte. An ein solches Todesjahr zu mahnen, könnte Memling wohl in den Sinn gekommen sein, wie er ja auch in den Zügen des Apostels Johannes das Andenken an den großen Fürsten festhielt.

An Bilder, welche die Einbildungskraft besonders lebhaft beschäftigen und dazu noch, wie dieses, mit einem geheimnisvollen Zauber umgeben sind, von deren Entstehung man nur unbestimmte Kunde hat, schlossen sich seit je Legenden und Sagen. So hat man auch aus dem Umstand, daß der Kopf des erlösten Peters auf der Wage Michaels auf ein dem Holzgrund eingefügtes Metallplättchen gemalt ist, allerlei geschlossen: der Künstler habe hier sein Bildnis angebracht, um sich der göttlichen Gnade zu empfehlen,

Abb. 51. Ausschnitt aus Abb. 53
(Nach einer Originalphotographie von Anderson in Rom.)

und was dergleichen Fabeleien mehr. Eine dieser lokalen Überlieferungen, die allerdings erst im siebzehnten Jahrhundert auftaucht, hat insofern Interesse, als sie ebenfalls nedig stimmt nun allerdings mit dem des Stifters bis auf die Farben überein, und so bleibt immerhin die Möglichkeit offen, in diesem einen Verwandten Pauls II. zu sehen.

Abb. 55. Ausschnitt aus Abb. 53.
Nach einer Originalphotographie von Anderson in Rom.

davon spricht, das Bild sei für Italien bestimmt gewesen, und zwar als Geschenk für Papst Paul II. (1464—1471). Dessen Familienwappen — das der Barbo aus Ve-

Mit solcher Mutmaßung müssen wir uns bescheiden, bis einmal ein glücklicher Urkundenfund endgültigen Aufschluß über Entstehung und Bestimmung dieses für die

Künstlerschaft Memlings so bedeutsamen Werkes gibt. Nur Mutmaßung läßt uns auch ein zweites — künstlerisch ebenso sicher beglaubigtes — Altarbild Memlings zeit- juez aufbewahrt, hängt es jetzt in der Bildersammlung des spanischen Königs- hauses, im Museo del Prado zu Madrid (Abb. 37—39). Es ist ein so-

Abb. 36. Ausschnitt aus Abb. 35.
(Nach einer Originalphotographie von Anderson in Rom.)

lich hier anreihen. Es gilt als Reise- altar Kaiser Karls V., obwohl seine stattlichen Maße solcher Bestimmung einiger- maßen widersprechen. Früher in einem von Karl V. erbauten Lustschlößchen bei Aran- genanntes Epiphanienbild, das Christi Geburt, die Anbetung der Könige aus dem Morgenlande und die Darbringung im Tempel auf den drei Innentafeln vereinigt, während die Außenflügel den leidenden

Christus und die betende Maria darstellen. Das Mittelstück der Innenbilder, die Anbetung der Könige, lehnt sich in seiner Komposition eng an die gleiche Darstellung Rogers van der Weyden in München an (s. Abb. 2), ja, kopiert dessen Hauptgruppe, die sitzende Madonna mit dem knieenden Könige, fast wörtlich. Derartige Entlehnungen waren im fünfzehnten Jahrhundert nichts Ungewöhnliches, sie galten nicht als geistiger Diebstahl, vielmehr erhielt der Maler vom Besteller oft genug den Auftrag, ein berühmtes Bild als Vorlage zu benutzen, so vielleicht auch Memling. Als Auftraggeber Memlings bezeichnet man in diesem Falle neuestens Karl den Kühnen von Burgund, weil die Figur des links knieenden heiligen Königs dessen Züge tragen soll. Der gleiche Kopf kehrt auch in dem Münchener Bilde bei dem weihrauchspendenden Weisen wieder; dort aber bezeichnet die Überlieferung den knieenden Greis — sehr mit Unrecht — als Philipp den Guten und den rechts stehenden stolzen Maurenfürsten als seinen Sohn, Karl den Kühnen, während eben jener Weihrauchspender namenlos bleibt. Die wenigen erhaltenen Porträts der Burgunderfürsten, die auf Authenticität Anspruch machen können, lassen alle diese Bezeichnungen gewagt erscheinen, zu denen die lebendige und persönliche Charakteristik der heiligen drei Könige, sowie der Bunsch, den großen Helden der Zeitgeschichte auch an solcher Stelle zu begegnen, wohl den Hauptanlaß bot. Bevor die Ikonographie des burgundischen Fürstenhauses nicht schärfer gesichtet ist, wie heute, wo man in den Galerien von Brüssel und Berlin zwei durchaus verschiedenartige Brustbilder als die Karls des Kühnen ausgibt, hat das Suchen nach solchen Porträtköpfen in heiligen Darstellungen keinen rechten Sinn. Vollends bedenklich aber ist es, aus so unsicheren Voraussetzungen Schlüsse auf die Entstehungszeit und Geschichte einzelner Bilder zu ziehen.

Selbst, wer zugeben zu müssen glaubt, daß der in prunkvollen Hermelin gekleidete knieende König auf Memlings Altar in Madrid kein anderer als Karl der Kühne ist — ein bezeichnetes Medaillenporträt dieses Herzogs erleichtert die Prüfung — braucht daraus nicht zu folgern, daß der Maler von diesem Fürsten zu der Arbeit beauftragt wurde. Denn auf zwei anderen Bildern, dem schon erwähnten Altar Rogers und einer dem Madrider Bild noch näher stehenden Anbetung der Könige in Brügge (Abb. 43), kehrt dasselbe Modell wieder, während die Stifter daneben abgebildet sind. Überdies kann man bei der peinlichen Genauigkeit, mit der alle Ausgaben der herzoglichen Kasse aufgezeichnet wurden, als wie sie uns die zahlreichen erhaltenen Rechnungen und Inventare Karls des Kühnen kennen lehren, kaum annehmen, daß ein Auftrag an Memling ohne jeden Beleg geblieben sein sollte. Thatsächlich aber suchen wir einen solchen vergebens in dem reichen Urkundenschatz zur Geschichte der Burgunderherzöge, den Graf Delaborde mit unendlichem Eifer aus Archiven und Bibliotheken gehoben hat.

Was mich bestimmt, den sogenannten Reisealtar Karls V. im Beginn der siebziger Jahre entstanden zu denken, ist vielmehr jener schon betonte enge Anschluß an die ältere Schöpfung Rogers. Schon im Jahre 1479 bewegte sich, wie weiter unten auszuführen ist, Memling seinem Vorbilde gegenüber wesentlich freier.

In einem halbverfallenen Bau, aus dessen Fensteröffnungen wir auf die Stadt Bethlehem blicken, hat die heilige Familie Unterschlupf gefunden; Ochs und Esel blicken von der Krippe im Mittelgrunde auf den Vorgang, dem auch der bejahrte Nährvater Joseph nur mit scheuer Verwunderung beiwohnt. Maria sitzt inmitten der armseligen Umgebung mit ihrem Kind, dem der greise König anbetend die Füße küßt. Aus ihrer Haltung spricht das Gefühl, als möchte sie solcher erstaunlichen Huldigung bescheidentlich wehren. Links kniet der zweite König — eben jener vermeintliche Karl von Burgund — in förmlich steifer Haltung sein Geschenk, ein kostbares Weihrauchgefäß, darreichend, während von rechts der Mohrenfürst, den Hut lüftend, in höfischem Schritt herantritt. Das Gefolge der Könige drängt sich neugierig an beiden Thüren, ohne sich doch näher heranzuwagen.

Feierliche Gemessenheit atmet die ganze Darstellung; man denkt unwillkürlich, wie bei so vielen Bildern der Zeit, an eine durch feste Vorschriften geregelte Ceremonie. Thatsächlich mag der Maler durch die

Hans Memling. 65

lebenden Bilder und dramatischen Aufführungen, mit denen man das Fest der Epiphanie beging, zu seiner Anordnung bestimmt sein. Alljährlich wurde in der Jakobskirche zu Brügge am Dreikönigstage ein Epiphanienschauspiel aufgeführt, bei dem man sicherlich die herkömmliche Anordnung der Bühne ängstlich wahrte. Eine Wechselwirkung zwischen Kirchenschauspiel und bildender Kunst bestand seit dem frühen Mittelalter, und Memling war nicht der Mann, solche Überlieferung anzutasten. Aber aus Eigenem gab er den einzelnen Gestalten Holdseligkeit und Würde. Seine leuchtenden Farben liehen erst dem Ganzen überirdischen Zauber. Auf dem linken Flügel

Abb. 67. Ausschnitt aus Abb. 65.
(Aus einer Originalphotographie von Anderson in Rom.)

Abb. 34. Ausschnitt aus Abb. 33.
Nach einer Originalphotographie von Anderson in Rom.

des Altarschreins malte er die Darstellung im Tempel, auch hier sich anlehnend an das Vorbild, das Roger van der Weyden ihm gegeben (Abb. 38). In den Altarraum der Kirche, an dem Simeon aus ihren Händen das Christkind empfängt, ist Maria eingetreten; Joseph mit seiner Opfergabe, den beiden Tauben, folgt mürrisch. Die hochbetagte Prophetin Hannah tritt segnend zum Christkinde heran, während ganz rechts hinter einer Säule ein Jüngling mit bildnisartig individualisierten, etwas schläfrigen Zügen sichtbar wird. Das Evangelium (Lucas 2, 27) weiß nichts von einem solchen Zeugen der heiligen Handlung. Aber auch Roger van der Weyden hatte den Hauptfiguren noch einige Zuschauer hinzugefügt, so daß sich Memling

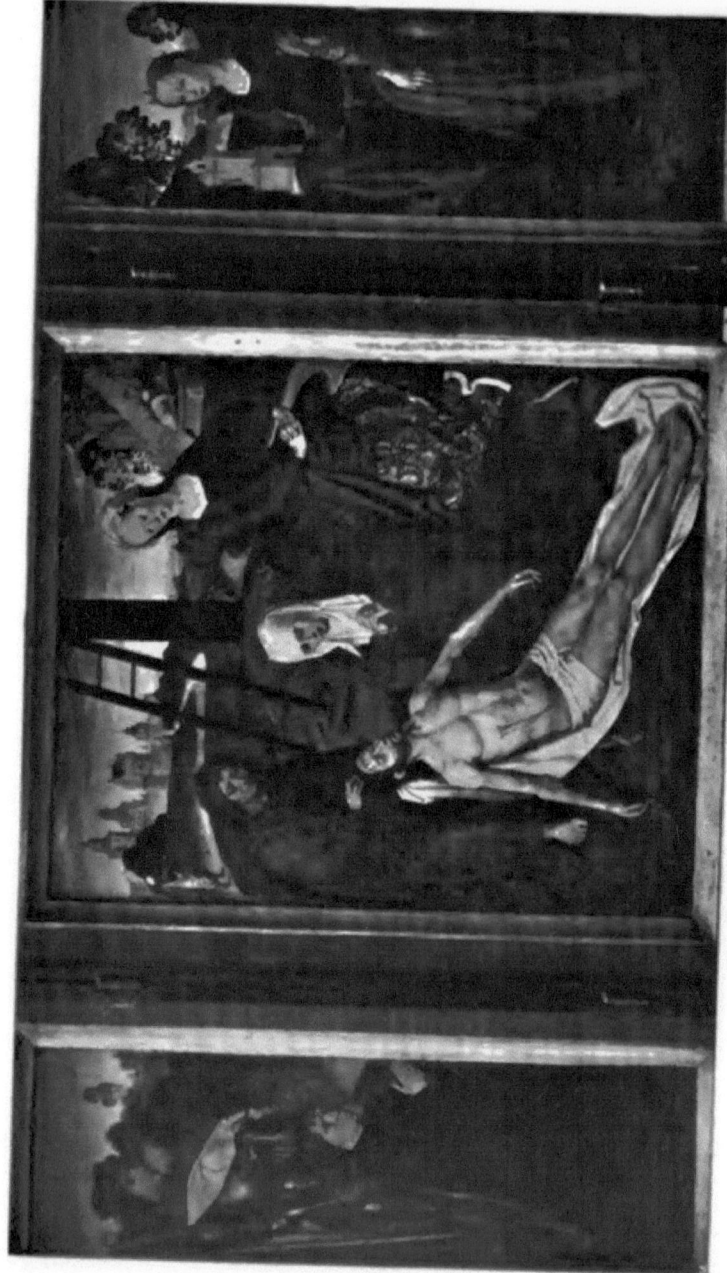

auch hier auf seinen Meister berufen konnte. Völlig wich er dagegen von der Vorlage des Münchener Bildes ab, indem er auf dem rechten Flügel statt der Verkündigung Mariä die Geburt Christi malte (Abb. 39). Maria betet knieend das Christkind an, das sie auf einem Zipfel ihres Mantels gebettet hat. Zwei Englein thun es ihr nach, und Joseph, der ausgegangen war, seiner Frau in der Stube der Not Hilfe zu suchen, kehrt zurück, die Kerze in seiner Hand vor dem Luftzuge schützend. Auch hier bliden Ochs und Esel von der Krippe im Hintergrunde des Stalles mit blödem Staunen auf den Vorgang. Schlichte, zum Herzen sprechende Innigkeit hat Memling der Schilderung eingeflößt. Sehen wir von der ihm nun einmal eigenen Unfähigkeit ab, das einzelne zum seelisch belebten Ganzen zu verknüpfen, so fehlt dem Bilde nichts zur vollen Wirkung auf das gläubige Gemüt. Aus dem Dämmerlichte der verfallenen Hütte leuchtet Maria hervor, deren Gestalt den überirdischen, vom Christkindlein ausgehenden Glanz wiederstrahlt. Fürsorge und Ehrfurcht sprechen aus ihrer Haltung; die zierlichen Hände breitet sie segenflehend und schützend zugleich über ihren Liebling aus. Gerade die alten Gestalten des Meisters eigene Behutsamkeit, das Leise des Auftretens und Gebarens ist hier am Platze. Jedes laute Wesen würde stören. Es zittert eine weihevolle Empfindung durch den Raum, gleich den zarten Strahlen, die das Haupt von Mutter und Kind umgeben. Unter allen Bildern der Weihnacht wird dieses stets seinen hohen Rang behaupten, weil es von echter Weihnachtsstimmung getragen ist und solche wieder erzeugt.

In die nächste Nähe dieses Altarwerkes müssen **zwei Flügelbilder** gerückt werden, die sich jetzt in der **Sammlung Kann zu Paris** befinden, nachdem sie lange Zeit in englischem Privatbesitz gewesen, Überreste eines Altars, dessen Stifter sie mit ihren Namensheiligen darstellen (Abb. 40 und 41). Auf dem linken Flügel kniet eine bejahrte Frau, aus deren Zügen wir unschwer das Modell wiedererkennen, das Memling für die Prophetin Hannah in dem eben besprochenen Epiphanienbild benutzt hat; hinter ihr steht eine jugendliche Heilige, die durch das Buch in ihrer Linken

Abb. 61. Klage um den Leichnam Christi. Berlin. Sammlung von Kaufmann.
Holz: 0,68 : 1,01 m.

Abb. 43. Klage um den Leichnam Christi. Rom. Palazzo Doria.
Holz: 0,66 : 0,53 m.
(Nach einem Kohledruck von Braun, Clément & Cie. in Dornach i. E., Paris und New York.)

nicht bestimmt zu identifizieren ist. So deutlicher verrät ihr Antlitz die Herstammung aus Memlings Atelier; es ist dasselbe, das er wenige Jahre später der Maria gab, als er für Jan Floreins eine Wiederholung der Epiphanie malte (siehe die Darstellung im Tempel Abb. 44). Eine hügelige Landschaft mit stolzen Schloßbauten schließt den Horizont dieses Bildes ab.

Auf der rechten Seite kniet der Stifter, beschützt vom heiligen Wilhelm von Maleval, der über seiner Ritterrüstung ein geistliches Gewand trägt — er hatte, obwohl er seinen kriegerischen Beruf beschaulicher Einsiedelei geopfert, wie die Legende erzählt, den Panzer unter der Kutte beibehalten, um der Verweichlichung zu wehren. Auch hier umschließt ein heiteres Landschaftsbild mit tief liegendem Mittelgrund die Figurengruppe. Der knieende Beter im dunklen, pelzbesetzten Sammetrock hält ein zierliches Gebetbuch in den Händen; das „Federsäßlein" aus Messing an seinem Gürtel erinnert an die Gerätschaften des Schreibers oder Buchmalers, wie wir sie aus zahlreichen Miniaturen des späteren Mittelalters kennen. Es führt uns auf eine Spur, auf der vielleicht der Name des Dargestellten zu finden ist. In Memlings unmittelbarer Nachbarschaft, in der Vlaeminestraet zu Brügge, wohnte Willem Vrelant, ein angesehener Miniaturmaler, der unter anderem für Karl den Kühnen eine Handschrift der Chronik vom Hennegau (Manuskript der Königlichen Bibliothek zu Brüssel) mit zierlichen Bildern geschmückt hat. Er war Mitglied der Brüderschaft zum Evangelisten Johannes und heiligen

Abb. 63. Weibliches Bildnis. Brügge. Johannishospital.
Holz: 0,37 : 0,27 m.

Abb. 61. Barbara Morel. Brüssel. Königl. Museum.
Holz: 0,37 : 0,27 m.

Abb. 65. Willem Morel. Brüssel. Königl Museum.
Holz: 0,37 : 0,27 m.

Lukas, der vornehmlich Buchhändler und Miniaturmaler angehörten. Für deren Kapelle in der Abteikirche zu Eeckhout bei Brügge war, wie die Brüderschaftsrechnungen aufzeichnen, „Meister Hans", den wir ohne Mühe als Hans Memling rekognoscieren, beauftragt, ein Paar Flügelbilder zu malen. In den Jahren 1478 und 1479 wurden ihm dafür Zahlungen geleistet und 1480 konnte die fertige Tafel die Johanneskapelle zu Eeckhout schmückte. Aus dem engen Verkehr mit Brelant erklärt sich auch zwanglos der Umstand, daß Memling dessen Hausfrau als bequemes Modell für seine Darstellung im Tempel auf dem Flügelaltar zu Madrid benutzte.

Kopien dieser Stifterflügel finden wir in der venetianischen Akademie in eine Darstellung des gekreuzigten Christus einbezogen, die ebenfalls auf ein Ori-

Abb. 66. Die Heiligen Benedikt, Christoph und Ägidius. Brügge. Akademie.
Holz: 1,21 : 1,54 m.

von einem Zimmermann auf dem Altar der Kapelle aufgestellt werden. Aus einem 20 Jahre später verfaßten Inventar der Brüderschaft nun ergibt sich, daß die Bildnisse Willem Brelants und seiner Gattin sich auf diesem Altarwerke befanden. Da der Stifter auf den Pariser Flügeln, wie aus der Wahl des Schutzheiligen zu folgern ist, Wilhelm geheißen, so glaube ich, darf man in ihm jenen Nachbarn Memlings wiedererkennen und die Bilder als Überreste des Altars bezeichnen, der ursprünglich ginal von Memling zurückgeht. Letzteres hängt in der Pinakothek zu Vicenza (Abb. 42). Nun könnte man vermuten, daß dies Kreuzigungsbild bereits ursprünglich mit den Pariser Stifterflügeln vereinigt gewesen sei. Dem stehen aber mancherlei Bedenken im Wege: der Stil des angeblichen Mittelbildes unterscheidet sich merklich von dem der Flügel; die Landschaft setzt sich in diesen nicht fort, so daß der Kopist, der beide Teile zu einem Bilde vereinigen wollte, sich zu gewaltsamer Flickarbeit entschließen mußte. Vollends unerklärlich aber bleibt, wie das Vicentiner Bild, dessen Stifter, ein Camaldulenserabt, unter dem Schutz eines Heiligen und Johannis des Täufers am Kreuz kniet, noch sein dürfte. Sein Stil weist es in die Nähe des Sforzaaltars zu Brüssel, während die Bildnisse Brelants und seiner Gattin die ausgeprägten Eigenheiten der Bilder Memlings aus den siebziger Jahren besitzen.

Abb. 67. Willem Morel und seine Söhne.
Linker Innenflügel zu Abb. 66. Holz: 1,21 : 0,77 m.

mit zwei weiteren Stiftern auf den Flügeln bedacht sein sollte.

Ich glaube daher, daß die Kreuzigung Christi, wenn überhaupt ein ganz zweifelloses Werk Memlings, so doch weitaus früher als die Pariser Flügel entstanden sein dürfte. Der Kopist, der beide vereinigte, mag sie am gleichen Orte — vielleicht in der Librarierkapelle zu Eeckhout gesehen haben. Weiteres aus der Kopie zu folgern, erscheint mir angesichts der erwähnten Verschiedenheiten unzulässig.

An dem Epiphanienaltar zu Madrid hat Memling offenbar Wohlgefallen gefunden, denn als im Jahre 1479 an ihn der Auftrag gelangte, abermals den Gegenstand zu malen, trug er kein Bedenken, die ein-

Bilder Memlings aufbewahrt werden, und der Meister offenbar in enger Beziehung zu diesem Spitale stand, verdient der Ort eine nähere Betrachtung.

Kirche und Bürgerschaft wetteiferten in

Abb. 68. Barbara Morel und ihre Töchter.
Rechtes Flügelbild zu Abb. 66. Holz: 1,21 : 0,77 m.

mal erprobte und gutbefundene Komposition mit wenigen kleinen Änderungen zu wiederholen. Diese Wiederholung befindet sich im Johannisspital zu Brügge, an der Stelle, für die sie geschaffen. Da hier nicht weniger als sieben der bestbeglaubigten

den Niederlanden seit dem Mittelalter darin, durch mildherzige Stiftungen die Not der vom Schicksal Enterbten, der Kranken, Waisen und vom Alter Gebeugten zu mildern. Auch das Johannisspital in Brügge, ein Bürgerkrankenhaus, in dem

Abb. 69. Der heilige Benedikt.
Aquarellierte Federzeichnung. Paris. Louvre.

die Siechen durch Brüder und Schwestern gepflegt wurden, ist bereits im zwölften Jahrhundert gegründet. Unweit der Liebfrauenkirche, in weltabgeschiedener Stille, erhebt sich ein stattlicher, kirchenähnlicher Backsteinbau, in dessen gewölbten Hallen auch heute noch die Krankenbetten aneinander gereiht stehen, wie ehedem, und Augustinerinnen ihren aufopfernden Pflegedienst verrichten. Die Sakristei der Spitalkirche bewahrt kostbare Reliquien, was aber den Schritt des kunstfreundlichen Flandernfahrers an diese Stätte lockt, das sind vor allem die Bilder Memlings, die, in dem ehemaligen Kapitelsaal aufgestellt, diesem den Charakter eines Memlingmuseums verleihen. So konnte um die Mitte des vorigen Jahrhunderts die romantische Legende in Umlauf gesetzt werden, die Hans Memling selbst mit dem grauen Spittlerrock bekleidete und ihn aus Dankbarkeit für die gastliche Aufnahme, die er hier gefunden, die Bilder des Siechenhauses ausführen ließ. Für diese rührende Geschichte, die damit anhebt, daß der Maler als Freischärler den Feldzug Karls des Kühnen in Lothringen mitgemacht und 1477 in der Schlacht bei Nancy, wo sein Kriegsherr den Tod fand, schwer verwundet worden sei, läßt sich schlechterdings keine andere Quelle finden, als das Bedürfnis, von dem Maler des Johannisspitals etwas Näheres und zwar möglichst Empfindsames zu wissen. Aller Wahrscheinlichkeit nach war Memling lange vor 1477 bereits in Brügge ansässig und, wie wir sahen, mit zahlreichen Aufträgen bedacht. Er wird sicherlich nach damaligem Handwerkerbrauch — mit Jan Floreins, dem Säckelmeister des Siechenhauses, einen Vertrag geschlossen haben, der ihm für seine Arbeit gerechten Lohn zusicherte. Ließ doch dieser auf den Rahmen des von ihm bestellten Altarschreins dreimal die Initialen seines Namens und seine Familienwappen anbringen und dazu noch die Inschrift: „Dit werck dede maken (ließ machen) Broeder Jan Floreins alias van der Ryst Broeder profes von den Hospitale van Sint Jans in Brugghe (ein Hospitalbruder von St. Johannes in Brügge, der das Gelübde abgelegt hat) anno 1479. Opus Johanis Memling."

Wie alle Bilder des Johannisspitals, die weniger sorgsam gehütet wurden als die Spittler, hat auch dies durch unverständige Restauration zu leiden gehabt; trotzdem leuchten noch heute seine Farben in unverwüstlicher Frische und Klarheit. Es zählt zu den koloristisch wirksamsten unseres Malers und steht darin dem Danziger Jüngsten Gericht nahe (Abb. 43). Wie erwähnt, liegt den Darstellungen der Innenbilder fast die gleiche Komposition zu Grunde, wie dem sogenannten Reisealtar Karls V. in Madrid. Die Figuren des Mittelteiles, der Anbetung der Könige, sind, den wesentlich bescheideneren Maßen entsprechend, näher zusammengerückt, einige neue Motive, wie die Handhaltung der Madonna, die Bewegung des Kindes und

Abb. 70. Der heilige Hieronymus. München. Sammlung Schubart.
Holz: 0,86 : 0,58 m.

des knieenden Königs, verraten, daß Memling sich von der allzu ängstlichen Nachahmung Rogers bereits frei gemacht hat. Auch Einzelheiten der Formengebung bekunden Fortschritt: die Köpfe sind größer gebildet, die Faltengebung vereinfacht, die Perspektive des Hintergrundes berichtigt. Man darf vielleicht sagen, das feierliche und großräumige Arrangement der Madrider Tafel ist hier mehr ins Bürgerliche übersetzt und intimer ausgeführt worden. An Stelle der neugierig nachdrängenden Gefolgschaft der Weisen aus dem Morgenlande ist auf der linken Seite der Stifter Jan Floreins und sein jüngerer Bruder Jakob(?) getreten. Der Säckelmeister, ein Mann Mitte der Dreißiger, kniet hinter dem heiligen Balthasar, der wieder ähnliche, nur

Abb. 71. Die Madonna des Jacob Floreins. (Nach einer Aufnahme von Braun, Clément & Cie. in Dornach i. E., Paris und New York.) Paris, Louvre. Holz: 1,30 : 1,57 m.

Abb. 72. Madonna. Linker Flügel des Diptychon des Martin Nieuwenhove.
Brügge. Johannishospital. Holz: 0,44 : 0,33 m.

etwas jugendlichere Züge trägt, wie in München und Madrid, und blickt demütig in sein Gebetbuch, während weiter zurückstehend der Kopf seines Bruders sichtbar wird.

Auch die Flügel, die, wie das Mittelbild, schmaler gehalten sind als in Madrid, zeigen, daß Memling seither vorgeschritten. Die durch die Raumverhältnisse bedingte engere Gruppierung der Gestalten bei der Darstellung im Tempel (Abb. 44) gibt dem Ganzen festeren Zusammenschluß, ohne daß man von einer durch die Not gebotenen, gedrängten Gruppierung etwas merkte. Sehr viel ausdrucksvoller sind auch die Köpfe, insbesondere der der Prophetin Hannah. Marias jugendliches, von einem weißen Kopftuch umrahmtes Antlitz kennen wir bereits aus dem Devotionsbild in Paris (Abb. 40). Bei einem Vergleiche der beiden Darstellungen der Geburt Christi machen wir eine ähnliche Erfahrung: in Madrid (Abb. 39) bei aller Innigkeit des Empfindens doch eine gewisse scheue Zurückhaltung, ein Versuch, den Maßen des Bildes durch feierliche Größe gerecht zu werden. In Brügge (Abb. 45) dagegen in

Abb. 73. Martin von Nieuwenhove. Rechter Flügel zu Abb. 78.
Holz: 0.44 : 0.33 m.

Abb. 74. Der heilige Benedikt. Florenz. Uffizien. Holz: 0,48 : 0,32 m.
(Nach einem Kohledruck von Braun, Clément & Cie. in Dornach i. E., Paris und New York.)

der Haltung der Madonna mehr mütterliche Fürsorge, in der der Engel mehr kindliche Freude. Haben doch solche Unterschiede einige Kunstforscher zu dem Glauben verleitet, das Bild in Madrid sei von Schülerhand nach des Meisters Entwürfen ausgeführt, während dem, der Memlings Schaffen eingehender verfolgt, der wahre Grund der Verschiedenheit nicht verborgen bleibt: die hohen Vorzüge seiner Kunst kommen im kleinsten Raum am meisten zur Geltung.

Die Außenflügel des Altarschreines (Abb. 46) — das ursprüngliche Sperrschloß, mit dem sie geschlossen wurden, ist noch erhalten — zeigen Johannes den Täufer und die heilige Veronika. Während innen die Huldigungen geschildert werden, die das neue Licht der Welt von Eltern, Heiden und Juden erfuhr, ist hier der Vorläufer dargestellt, der auf den kommenden Messias hinwies, und die Frau, die das Antlitz des großen Dulders im Augenblick seiner tiefsten Erniedrigung auf ihrem Schweißtuche der Welt vorhält. Der Täufer — sein Antlitz galt im siebzehnten Jahrhundert, wie eine Radierung von Willem van Cost beweist, als Selbstporträt des Malers*) — sitzt in einer Landschaft, mit der Rechten auf das Sinnbild Christi, das Lamm zu seinen Füßen, deutend. Weiter in dem smaragdgrün abgetönten Hintergrunde sehen wir ihn die Taufe Christi im Jordanflusse vollziehen. Vero-

*) Dieser Johannestypus kehrt besonders ähnlich wieder auf einem kleinen Flügelbilde der Londoner Nationalgalerie, das mit seinem Gegenstück, dem heiligen Lorenz (Abb. 47), und einem verschollenen Mittelbilde wohl ursprünglich ein Triebblatt bildete. Derartige Fragmente von größeren Werken Memlings finden sich mehrfach, so im Louvre (Abb. 48) und in der Sammlung des Herzogs von Devonshire auf Holkerhall (Heiliger Christoph). Sie ermöglichen eine Abschätzung der großen Fruchtbarkeit des Meisters und der vielen Verluste, die die Nachwelt zu beklagen Grund hat.

Kaemmerer, Memling.

Abb. 75. Madonna. Berlin. Königl. Gemäldegalerie. Holz: 0,45 : 0,31 m.
(Nach einer Originalphotographie von Franz Hanfstängl in München.)

nika hält mit zierlich gespreizten Fingern das Schweißtuch mit dem Schmerzensantlitz vor sich; auch hinter ihr spannt sich ein reizvolles Landschaftsbild auf.*) Beide

*) Eine nur wenig veränderte Wiederholung dieses Veronikabildes wurde 1870 aus der Sammlung Demidoff in Florenz versteigert.

Zeugen Christi sind von gemalten gotischen Bogenstellungen umrahmt, deren Maßwerk durch die Figuren des Sündenfalles und der Vertreibung aus dem Paradiese sinnvollen Schmuck erhält.

Nicht weit von diesem Kleinod hängt ein zweiter Altar, der zur gleichen Zeit von gleicher Hand gemalt, ebenfalls von dem Kunstsinn der Spitalbrüder von St. Johann rühmliches Zeugnis ablegt. Er ist in den Maßen anspruchsvoller als der eben geschilderte; war es doch eine Stiftung, zu der sich vier Mitglieder des Konvents zusammengethan hatten. Gleich von Heiligen und Engeln.*) Zwei schwebende Seraphim halten eine Krone über ihrem Haupte, zwei andere knieen ihr zur Seite. Der rechts in weißem Kleide hält ein großes Brevier aufgeschlagen, in dem Maria blättert; etwas mehr im Hintergrund hält sich der lieblich dreinblickende Orgelspieler,

Abb. 26. Männliches Bildnis. Florenz. Uffizien.
Holz: 0,43 : 0,31 m.
(Nach einem Kohledruck von Braun, Clément & Cie. in Dornach i. E., Paris und New York.)

wohl scheint auch hier Bruder Floreins derjenige gewesen zu sein, der Memling für das Unternehmen in Vorschlag brachte, denn seine Hausmarke finden wir neben der Rahmeninschrift, die den Namen des Künstlers und das Jahr der Entstehung auf die Nachwelt brachte: „Opus Johannis Memling Anno 1479."

Eine „sacra conversazione" im flandrischen Stil zeigt das Mittelbild (Abb. 49). Die Madonna thront unter einem Brokatbaldachin in luftiger Säulenhalle, umgeben der über sein weißes Chorhemd die Tunicella, das kurze Meßgewand der Subdiakonen, gezogen hat. Das Christkindlein im Schoß der Mutter hält in der Linken einen Apfel, während es mit der Rechten den mystischen Verlobungsring an den Finger der heiligen Katharina steckt, die links zu Füßen der Madonna sich niedergelassen hat.

* Eine freie Kopie dieser Gruppe befindet sich in der Akademie zu Venedig (Kat. von 1887, p. 164, Nr. 50).

Abb. 77. Stifter mit Kind.
Hermannstadt. Galerie des evangelischen Gymnasiums. Holz: 0,44 : 0,33 m.

Weit breiten sich die Falten ihres prunkvollen Gewandes auf den Fliesen des Fußbodens aus; der Kronreif auf ihrem Kopfputz kennzeichnet die Prinzessin, das Rad vorn am Boden die Märtyrerin. Rechts im Vordergrunde sitzt in ehrbarer Haltung vor ihrem Abzeichen, dem Turm, die heilige Barbara, in ein Gebetbuch versenkt, dessen Deckel nach der Sitte der Zeit zu einem Buchsäckchen erweitert ist. Gleich Thronwächtern stehen im Hintergrunde die beiden Johannes: links der Täufer mit seinem Lamm, rechts der Evangelist, der das Zeichen des Segens über den Glaubenskelch macht. Stilles, heiliges Sinnen liegt über all diesen Gestalten, nur die leisen Klänge der Handorgel begleiten den feierlichen Akt der geheimnisvollen Verlobung Katharinas mit ihrem himmlischen Bräutigam. Zwischen den Jaspissäulen des Chorbaus blickt man hinaus in die von hellem Sonnenlicht beschienene Landschaft, in der Ereignisse aus dem Leben Johannis des Täufers und des Evangelisten in zierlichen Figürchen geschildert sind. Links in ländlicher Umgebung der Täufer im Gebet, seine Predigt in der Wüste, die Taufe Christi, die Gefangennahme und andere Episoden der Legende, die nach naiver Sitte der Zeit nebeneinander gestellt sind. Rechts hinter dem Evangelisten dessen Marter im siedenden Ölkessel, die Fahrt nach Patmos und die Taufe des Philosophen Kraton. Neben den heiligen Gestalten der Johannis-

Abb. 78. Stifterin. Hermannstadt. Galerie des evangelischen Gymnasiums.
Holz: 0,44 : 0,35 m.

legende begegnet uns hier aber auch der Bruder Sädelmeister Jan Floreins, ohne daß dieser Zuschauer als Fremdling in solcher Umgebung auffällt. Hat doch Memling auch die heiligen Vorgänge durchaus in die Tracht seiner Zeit gekleidet und thut sich doch hinter dem Evangelisten ein Blick auf in die Vlaemincstraße zu Brügge, deren Giebel das romanische Johanneskirchlein überragt. Hier am Kran bei der Vlamincbrücke waltet Floreins seines Amtes als städtischer Eichmeister, indem er das gerechte Ausmaß der Weinfässer überwacht. In schlichter Brudertracht erscheint auch der Maler selbst rechts im Mittelgrunde, bescheidentlich sich in gemessener Entfernung vom heiligen Bezirk haltend. Bisher nannte man diesen Zuschauer ebenfalls Floreins, aber seine etwas derben Gesichtszüge stimmen viel eher zu dem Selbstporträt Memlings auf dem Triptychon zu Chatsworth. Er trägt einen langen schwarzen Rock und eine gleichfarbige Kappe auf dem Haupt.

Die Seitentafeln (Abb. 50 und 51) vervollständigen die Schilderung aus den Legenden der beiden Johannes: links nimmt Herobias aus den Händen des Henkers das blutende Haupt des Täufers entgegen, um es triumphierend zur Festtafel des Vaters — weiter im Mittelgrunde — zu tragen. Rechts erscheinen dem Evangelisten auf der Felseninsel Patmos die Wunder, die er in seiner Offenbarung der letzten Dinge beschrieb. Vier Reiter — Hunger, Pest,

86 Hans Memling.

Krieg und Tod — sprengen, Verderben verbreitend, über die Erde; im Hintergrunde sehen wir den Engel auf Säulenbeinen im

Auf den Außenseiten der Schreinthüren (Abb. 52) verewigte der Maler seine Auftraggeber als Schützlinge ihrer Namens-

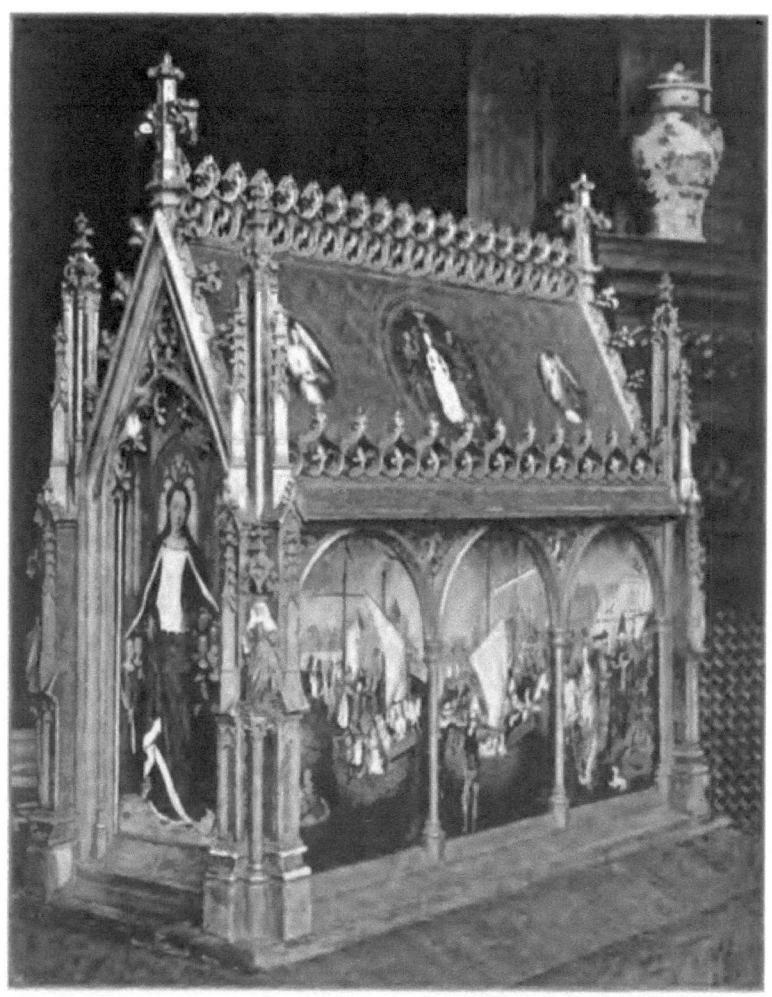

Abb. 70. Reliquienschrein der heiligen Ursula. Brügge. Johannishospital.
Holz: 0,87 m hoch, 0,91 m lang, 0,33 m breit.

Regenbogen erscheinen, während in den Wolken links oben Christus mit dem Lamm, umgeben von den vier Evangelistensymbolen und musizierenden Patriarchen, thront.

heiligen. Da kniet links Meister Anton Zeghers, einer der Spitalvorsteher, hinter ihm Jakob de Cueninc, der Boursier, unter einem gotischen Tabernakel, empfohlen durch den heiligen Einsiedler Antonius und den Apostel Jakobus. Rechts in Nonnentracht die Vorsteherin Agnes Casembrood und sich und ihr Amt. Memlings Meisterschaft in der Wiedergabe charaktervoller Köpfe feiert hier vielleicht ihren höchsten Triumph.

Abb. 60. Ursulalegende. Ankunft in Köln. Brügge. Johannishospital.

Schwester Klara van Hulsen im Geleit ihrer Patronessen, der heiligen Agnes und Klara. Demütiglich legen sie ihre Hände zum Gebet zusammen und erflehen Segen für flämisch breite Schädel mit keineswegs sonderlich anmutigen Zügen, aber auf den ersten Blick fesselnd durch die überzeugende Lebenstreue. Der Scheitel Meister Antons ist stark gelichtet, kleine Äuglein blinzeln über die knollige Nase, ein feistes Gesicht mit starkem Unterkinn drückt Behäbigkeit und Würde aus. Der Bruder Jakob runzelt die Brauen, als gelte es eine Rechnung zu prüfen, der festgeschlossene Mund verstärkt den Ausdruck gespannten Nachdenkens. Es muß ihnen sehr ernst gewesen sein mit dem Gemaltwerden, so feierlich und würdevoll knieen sie da. Auch die Schwestern Agnes und Klara in ihrer schlichten Nonnentracht sind ganz bei der Sache. Freundliche Milde verklärt ihre anspruchslosen Züge.

Aus dem Werk spricht so recht vernehmlich die Frommgläubigkeit der Zeit: eine Altarspende, wie diese, sollte Zeugnis ablegen für Gottesfurcht und — Wohlhabenheit der Stifter. Das Kunstwerk schätzte man nach dem Vermögen des Malers ein, solchen Zweck wohlanständig zum Ausdruck zu bringen. Wir dürfen billig zweifeln,

Abb. 82. Ursulalegende. Empfang in Rom. Brügge. Johannishospital.

ob die rein künstlerischen Vorzüge der Arbeit Memlings besonderes feinsinniges Verständnis bei seinen Auftraggebern fanden. Die Nachwelt hat allen Grund, das nachzuholen. Unser Auge, das wieder gelernt hat, unbeirrt von jeder Vernünftelei über Gegenstand und Vorwurf, zu genießen, freut sich an dem leichten und doch würdigen Aufbau des Mittelbildes, an der Zartheit der Ausführung in Formen und Farben, der stillen Innigkeit des Ausdruckes in den Köpfen. Die Episoden des Hintergrundes, vom Maler sicherlich als bedeutsame inhaltliche Erweiterung der Schilderung

Abb. 83. Ursulalegende. Abreise von Basel. Brügge. Johannishospital.

gedacht, gelten uns nur als Zutaten, in denen die Liebe zur Sache, die den Schöpfer beseelte, sich offenbart. Wer wollte mit ihm rechten über die Unwahrscheinlichkeit solchen Nebeneinanders von zeitlich getrennten Scenen! Vieles zu geben, war sein Wunsch und sein Auftrag. So schildert er mit nimmermüdem Pinsel alles, was er von den Dingen, die man ihn malen hieß, weiß, und so gut er es weiß. Die Erzählung der Evangelien überträgt er in die Sprache seiner Zeit und gibt ihr damit lebendige Wirkung. Bei solcher Übersetzerarbeit verliebt er sich in den Gegenstand und schmückt ihn in redseliger Weise aus. Wie prunkvoll weiß er die eitle Herodias zu kleiden, wie bereitwillig öffnet er aller architektonischen Vernunft zum Trotz den Blick in

Abb. 84. Ursulalegende. Martyrium der 11000 Jungfrauen. Brügge. Johannishospital.

das Gemach des väterlichen Palastes, damit nur ja nichts dem Zuschauer des Dramas verloren geht! Und als es galt, die geheimnisvollen Zeichen zu schildern, die dem Evangelisten Johannes auf Patmos erschienen — nie Gesehenes — da gibt er getreulich Bericht über das, was er in den Büchern der Offenbarung gelesen, steigert die Farben nur wenig, um nicht die Deutlichkeit im einzelnen zu schädigen. Ein Künstler, durchaus befangen in der mittelalterlichen Anschauung, daß Malerei Bilderschrift sei, weiß er dieser Schrift so viel Empfindung und Zier zu leihen, daß auch eine späte Generation sich seiner Kalligraphie noch freuen kann. Besonders die Durchführung der Landschaft mit ihren umbuschten Flußläufen, die sich fern bis zum hoch gelegenen Horizont strecken, dem glatten, Himmel und Erde wiederstrahlenden Meeresspiegel, den Buchten und lieblichen Inseln zieht das Auge unwiderstehlich an gezierte Stellung einzelner Gestalten. So der Henker bei der Enthauptung Johannis; er ist der gleichen Figur in Rogers Johannisaltar in Berlin nachgebildet, wie ja

Abb. 85. Ursulalegende. Martyrium der heiligen Ursula. Brügge. Johannishospital.

und flößt Achtung ein vor seinem koloristischen Können und seiner Beobachtungsgabe. Weniger befriedigt uns der Ausdruck der männlichen Köpfe und die oft auch der Typus der Madonna noch immer deutlich auf den Brabanter Lehrmeister weist. Anderes wiederum, wie z. B. die heilige Agnes auf dem rechten Außenflügel,

Abb. 66. Die heilige Ursula. Vom Ursulaschrein. Brügge. Johannishospital

Abb. 87. Madonna mit Stifterinnen. Vom Ursulaschrein. Brügge. Johannishospital.

Abb. 88. Krönung Mariä. Vom Ursulaschrein. Brügge. Johannishospital.
(Nach einem Kohledruck von Braun, Clément & Cie. in Dornach i. E., Paris und New York.)

Abb. 89. Ursula mit den Jungfrauen. Vom Ursulaschrein. Brügge. Johannishospital.
(Nach einem Kohledruck von Braun, Clément & Cie. in Dornach i. E., Paris und New York.)

Abb. 90. Psalterspielender Engel.
Vom Ursulaschrein. Brügge. Johannishospital.
(Nach einem Kohledruck von Braun, Clément & Cie. in Dornach i. E., Paris und New York.)

Abb. 91. Geigenspielender Engel.

erinnert an Memlings Mitschüler bei Roger, an Hugo van der Goes.

Langsamer, als jeder andere, löst sich unser Meister aus dem Banne solcher Umgebung. Man spürt die Bescheidenheit des aus der Fremde zugewanderten Schülers und Verehrers der großen Bahnbrecher in solchem Verhalten. Dennoch durfte er in jenen Jahren bereits mit Recht stolz sein auf den Erfolg, der seiner Thätigkeit beschieden war. Die Aufträge, mit denen er bedacht ward, mehrten sich um die Wende der siebziger Jahre zusehends.

Die Brüderschaften, Gilden und Zünfte wandten sich gern an die Werkstatt des Meister Hans; aber auch über die Mauern Brügges hinaus drang sein Ruf und lockte Auftraggeber herbei. Die Italiener besonders scheint seine Art zu malen bestochen zu haben; so zählte Cosimo dei Medici zu den Schätzen seiner wahrhaft einzigen Kunstsammlung in Florenz ein kleines Bildchen unseres Meisters, das, wie Vasari uns erzählt, die Leiden Christi darstellte und aus der Familienkapelle der uns wohlbekannten Portinari in Sa. Maria Nuova als Geschenk oder durch Kauf an den vornehmsten aller Sammler gelangt war.

Abb. 92. Engel mit Handorgel.
Vom Ursulaschrein. Brügge.
Nach einem Kohledruck von Braun, Clément & Cie. in Dornach i. E., Paris und New York.

Abb. 93. Mandolinenspielender Engel.
Johannishospital.

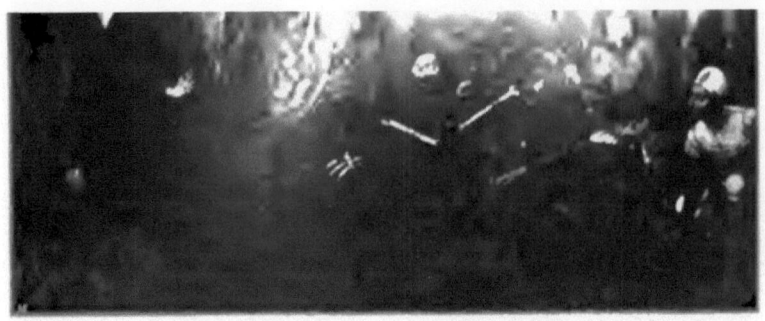

Abb. 84. Kreuzigung Christi. Lübeck. Marienkirche. Holz: 7,05 : 1,50 m.

Vielleicht dürfen wir es wiedererkennen in der Tafel der Turiner Galerie, die man ohne hinreichenden Grund „die sieben Schmerzen der Maria" genannt und irrtümlich als Stiftung Prelants für die Librarierkapelle zu Eeckhout (f. S. 73) bezeichnet hat.

Wer die Stifter dieses Andachtsbildes sind und wie es aus Florenz nach Piemont gekommen, bleibt freilich unaufgeklärt.

53. Kreuztragung Christi. Linker Innenflügel
zu Abb. 94.
Holz: 2,05 : 0,75 m.

Für Memlings Kunst ist diese Passion jedenfalls ein überaus charakteristisches Beispiel. Auf der kaum einen Meter breiten Holztafel schildert er die Geschichte vom Leiden Christi (Abb. 53 bis 58). In der oberen linken Ecke beginnt er mit dem Einzug in Jerusalem und errichtet sich über die ganze Bildfläche hin — nach Art der mittelalterlichen Schauspiele — die Stände für die einzelnen Scenen des Dramas bis zum Kreuzestode auf Golgatha. Aus der Vogelperspektive erblicken wir einen Knäuel von Bauten und Menschen, der dem Auge schier unentwirrbar scheint. Man muß an das Bild herantreten wie an eine mittelalterliche Chronik, sich in den wunderlich naiven Stil hineinlesen, um, am Schluß angelangt, zu staunen über den Fleiß und die liebevolle Hingabe an den Stoff, der in so kleinen Raum zusammengedrängt, doch nirgends oberflächlich behandelt wurde. Ein Wunderwerk mehr als ein Kunstwerk und dennoch bis ins Kleinste hinein beseelt von künstlerischem Empfinden. Sicherlich war Memling auf solche Leistung stolzer als auf manche andere, die uns wiederum höher steht.

Wo der Maler selbst so redselig ist, darf die Beschreibung feiern. Worte können mit der Emsigkeit seines Pinsels nicht Schritt halten. Jede Stichprobe aber überzeugt aufs neue von dem lebendigen Anschauen der Dinge, das Memling eigen war, von dem Eifer, der ihn trieb, alles recht wahrscheinlich und lebendig zu machen.

Trotz alledem stößt solche Vielheit in einem Bildrahmen den nach künstlerischer Erbauung verlangenden Menschen unserer Zeit mit Recht ab. Man denke sich diese zum Teil leidenschaftlich erregten Massen lebendig, etwa zu gleicher Zeit auf eine Riesenbühne gestellt; der Stimmenwirrwarr, das Durcheinander von verschiedenartigen Eindrücken müßte betäuben. Auch das Auge versagt bei solcher Zumutung, selbst wenn das Bewußtsein von der historischen Bedingtheit aller ästhetischen Forderungen noch so stark ausgebildet ist.

Memling hat wohl ähnlich empfunden, denn als er kurz darauf eine

Tafel mit Scenen aus dem Leben der Maria zu malen hatte, versuchte er, der Gefahr allzu großer Unübersichtlichkeit durch strafferes Zusammenhalten und Abgrenzen der einzelnen Gruppen nach Möglichkeit zubegegnen. Diese Marientafel, die heute in der Alten Pinakothek zu München hängt (Abb. 59), bildete das Mittelstück eines Flügelaltares, den der Lohgerber Pieter Bultync für die Zunftkapelle der Marienkirche zu Brügge bestimmt hatte. Auf dem alten — heute verschwundenen — Rahmen las man: "Im Jahre 1480 ward dies Werk gestiftet der Lohgerberzunft von Herrn Pieter Bultync, dem Sohn Joosts, Lohgerber und Kaufmann, und seiner Gattin Katharina, der Tochter Gottfrieds van Riebele; und die Brüder der Zunft sollen nach jeder Messe ein Miserere und de Profundis für alle Verstorbenen lesen." Im alten Inventar der Lohgerberzunft aber war das Bild aufgeführt als „een scone tafel van onser liever Vrauwen", und noch bis in das vorige Jahrhundert hatte sich die Überlieferung erhalten, daß Memling der Maler sei. Freilich erschien damals bereits den Leuten höchst „verwunderlich und ungehörig", daß alle die verschiedenen Scenen der Marienlegende in ein Bild gebracht seien. Und doch hat Memling, wie schon bemerkt, hier die schlimmsten Fehler der Turiner Komposition zu vermeiden gesucht. Auf etwa doppelt so großer Fläche konnte er die achtundzwanzig Vorgänge aus dem Leben unserer lieben Frau von der Verkündigung bis zur Himmelfahrt schließlich auch etwas besser verteilen und gruppieren.

Die Anbetung der heiligen drei Könige bildet den ein klein wenig nach links verschobenen Schwerpunkt der Komposition des Vordergrundes. Feste Eckpfeiler geben die Scenen der Geburt Christi und die Ausgießung des heiligen Geistes ab, durch die knieenden Figuren des Stifterpaares noch besonders betont. Durch die Felsschluchten des Mittelgrundes sehen wir — wie auf einer Wandelbühne — rechts die reisige Schar der Könige gen Bethlehem ziehen, links den Kindermord, die Verkündigung

Abb. 96. Auferstehung Christi. Rechter Innenflügel zu Abb. 94.
Holz: 1,05 : 0,75 m.

7*

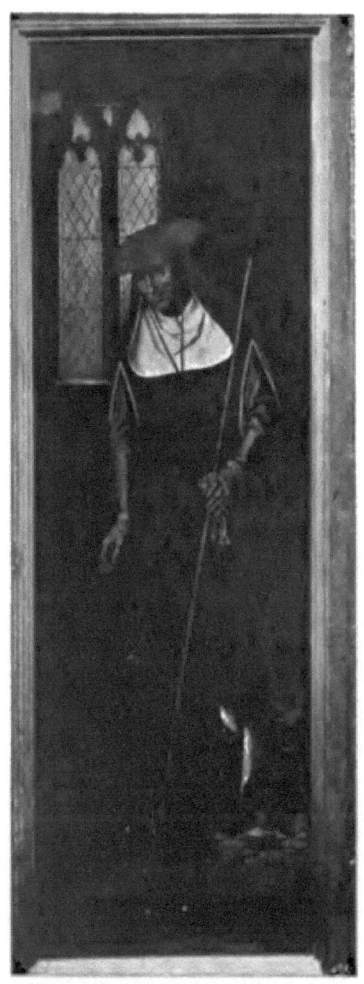

Abb. 97. Der heilige Hieronymus.
Außenflügel zu Abb. 94. Holz: 2,05 : 0,75 m.

Abb. 98. Der heilige Ägidius.
Außenflügel zu Abb. 94. Holz: 2,05 : 0,75 m.

an die Hirten und anderes mehr. Eingebettet in die Bergmassen liegt Jerusalem, in dessen Mauern sich verschiedene Ereignisse aus dem Leben Christi abspielen. Am hohen Horizont des Hintergrundes schließlich ragen die drei Berge, von denen die Magier den wunderbaren Stern beobachten, um dann die Schiffe zu besteigen, die sie nach Bethlehem führen (rechts im Hintergrunde).

Das sind die festen Inseln in dem Meer von Bewegung und Aufzügen, das vor unseren Augen wogt. Redlich hat Memling sich bemüht, durch koloristische Mittel Haltung und Klarheit zu erzielen; aber, obwohl er die Landschaft in hellen, kalten Tönen hält, um die Figuren kräftiger von ihr loslösen zu können, fällt doch der Mangel an Raumsinn und na-

Abb. 99. Verkündigung Mariä. Außenflügel zu Abb. 94. Holz: 1,05 : 0,75 m.

mentlich an Luftperspektive empfindlich ins Auge.

Für die Entwickelung der Landschaftsmalerei ist darum das Bestreben unseres Meisters nicht verloren. Zum erstenmal begegnen wir dem Versuch, das Größenverhältnis der Figuren zur landschaftlichen Umgebung zu verändern. Die älteren Meister hatten sich meist mit einem Ausblick in die Ferne begnügt; in diesen Bildern Memlings stehen zum erstenmal die Gestalten in der Landschaft, nicht mehr vor derselben. Damit war der Weg gezeigt, auf dem ein Patenier und andere Nachfolger zur Ausbildung des selbständigen Landschaftsbildes gelangen sollten.

Auch die koloristische Haltung seiner Landschaften unterscheidet Memling vorteilhaft von feinen Vorgängern. Von der peinlichen Genauigkeit, mit der die Eycks jede Einzelheit der Vegetation auch in den Hintergründen gleich einem Botaniker festzuhalten suchen, schreitet er zu einer mehr einheitlichen — herbstlichen — Stimmung des Landschaftsbildes vor. Er versteht die Baumkronen zu einer hell getönten Masse zusammenzufassen, auf der das Licht der scheidenden Sonne spielt, dem Spiegel des Wassers gewinnt er neue Reize ab und verteilt die Massen in der Landschaft nach wohlüberlegten Grundsätzen. Ein völliges Verzichten auf ideale Komposition freilich, ein sich Begnügen mit dem einzeln geschauten Naturausschnitt, dem die Staffage sich unterordnet, darf man von der Malerei, die eben erst begonnen, die landschaftliche Natur in ihr Bereich zu ziehen, nicht verlangen.

Wir bemerkten einen Fortschritt in der Münchener Komposition gegen die Turiner, die wie eine noch unbeholfene Vorstudie zur größeren Aufgabe anmutet. Daß Memling kein Bedenken trug, die gleiche Darstellung in zwei äußerlich sehr ähnlichen Fassungen kurz hintereinander zu malen, bewiesen die beiden Epiphanien in Brügge und Madrid. Ein ähnliches Verhältnis besteht zwischen zwei Schilderungen der **Beweinung Christi**, deren eine 1480 datiert ist. Auch hier ist der Schluß erlaubt, daß die besser gelungene Ausführung die spätere ist. Sie bildet eine Hauptzierde der an altniederländischen und deutschen Bildern besonders reichen **Sammlung des Professors Richard von Kaufmann in Berlin**, während die ältere Darstellung im Johannesspital zu Brügge (Abb. 60) zu finden ist.

Abb. 1*0. Kreuzigung Christi. Pest. Landesgalerie. Holz: 0,58 : 0,60 m.

Abb. 101. Die Kreuztragung und Auferstehung. Flügelbilder zu Abb. 100.
Wien. K. K. Gemäldegalerie. Holz: 0,56 : 0,24 m.
(Nach einer Originalphotographie von J. Löwy in Wien.)

Adriaen Reins, ein Mitglied der Spitalbrüderschaft, die Memlings Werkstatt so oft in Anspruch nahm, erscheint auf dem linken Flügel des Brügger Triptychons als Stifter mit seinem Namensheiligen, der, mit Schwert und Panzer angethan, in der Linken den Amboß trägt, auf dem ihm, wie die Legende berichtet, seine Hand abgeschlagen wurde. Ein ziemlich vulgäres Gesicht mit stierem Blick macht den knieenden Stifter nicht gerade sympathisch. Auf dem rechten Flügel steht in baumreicher Landschaft die heilige Barbara, das Modell eines Turmbaues vor sich haltend, eine jener jungfräulich schlanken Gestalten mit glatten Wangen und schlichtem Blondhaar, wie sie Memlings Frauenideal verkörpern*).

Die Darstellung des Mittelbildes, die Klage Marias um den vom Kreuz genommenen Leichnam ihres Sohnes, war in der Schule Rogers van der Weyden ein beliebter Vorwurf. Man könnte glauben, daß er be-

*) Aufs allerengste mit ihr verwandt ist die heilige Magdalena auf einem Flügelbilde des Louvre, das mit seinem Gegenstück, dem Täufer Johannes (Abb. 48), wohl um die gleiche Zeit, wie das Triptychon des Adriaen Reins Memlings Werkstatt verließ. Die dazu gehörigen Flügelbilder mit den Heiligen Christoph und Stephan (ehemals in der Sammlung König Wilhelms II. von Holland) sind verschollen.

sonders von Auftraggebern bevorzugt wurde, die damit einen selbst empfundenen tiefen Schmerz bei dem Ableben eines geliebten Angehörigen künstlerisch verewigen wollten.

Der starre Leichnam des Erlösers wird am Fuß des Kreuzes von Johannes in halb aufrechter Haltung gestützt; Maria kniet in stummem Gebet davor, während Magdalena händeringend ins Knie sinkt eine Diagonalkomposition derart, daß die drei Köpfe der Magdalena, Maria und des Christus in einer die Bildfläche schräg durchquerenden Linie liegen, während die Gestalt des Johannes der toten Masse des Leichnams das Gleichgewicht zu halten bestimmt ist. Die durch die Köpfe bezeichnete Linie wirkt steil und unschön. In der späteren Wiederholung (Abb. 61) sehen

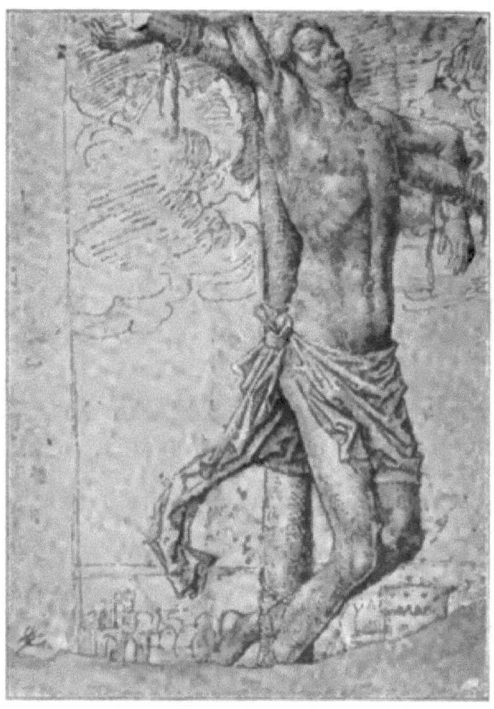

Abb. 102. Schächer am Kreuz. Federzeichnung.
Berlin. Sammlung von Beckerath. Papier: 0,17 : 0,13 m.

und einen letzten Abschiedsblick aus tränenschwerem Auge auf den geliebten Herrn wirft. Gerade diese Gestalt, in der es den Ausbruch leidenschaftlichen Schmerzes zu verkörpern galt, machte Memling Schwierigkeiten; sie stört das Gleichgewicht der Komposition, ihre Bewegung erscheint gewaltsam, ihre Größenverhältnisse sind nicht dem Platz, den sie im Mittelgrunde einnimmt, angepaßt. Memling versuchte hier wir den Künstler bemüht, diese Härte zu mildern. Auch die sorgfältigere Durchbildung der einzelnen Motive verrät Streben zum Fortschritt. Die Formengebung ist breiter, die Perspektive des landschaftlichen Hintergrundes richtiger. Johannes beugt sich vor, um das Haupt Christi behutsam zu stützen, die Linien des todesstarren Körpers sind weniger eckig, kurz das Ganze hat mehr Fluß und Bewegung erhalten.

Noch immer empfindet man die Schranke, die Memling von der lebenswahren Darstellung leidenschaftlicher Erregung trennt, bei der heiligen Magdalena, die die verschränkten Hände gramerfüllt zum Himmel hebt, aber kein Urteilsfähiger wird verkennen, daß Memling hier seinem Vorwurf mehr künstlerische Haltung abgewonnen hat, als in dem Brügger Bild. Die Mitteltafel wird flankiert von zwei Flügeln mit dem Pilgerapostel Jakobus und dem heiligen Christophorus in farbenleuchtender Landschaft. Der Riese, der die unterschätzte Last des Christknäbleins auf seinen Schultern durch das Wasser trägt, ist eine für Memlings Kunstrichtung sehr charakteristische Gestalt. Stellen wir die gleiche Darstellung seines Zeitgenossen Dierick Bouts (Münchener Pinakothek Nr. 109) in Gedanken neben diesen Christoph, so erhält die Eigenart des Brügger Spitalmalers eine wirksame Folie. Bouts ist ein größerer Kolorist, weiß den Farben mehr Wärme und Körperlichkeit zu leihen, während Memling sich mit hell leuchtendem Glanz begnügt. Aber wo jener ins Zuspitzen und Kläubeln verfällt, gleicht Memling in Linie und Form alle Härten aus. Wohl mag er Bouts'

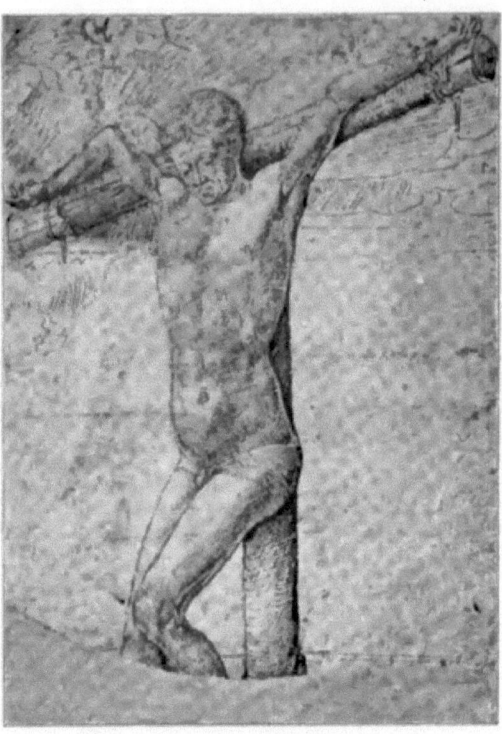

Abb. 103. Schächer am Kreuz. Federzeichnung.
Rückseite von Abb. 102.

Christoph gekannt haben, aber seine Nachahmung wurde zum Weiterbilden.

Im Palazzo Doria zu Rom zeigt man eine dritte „Klage um den Leichnam Christi", ebenfalls Memling zugeschrieben (Abb. 62). Sie ist schwer in das Werk unseres Meisters einzureihen. Trotz befremdender Einzelheiten überwiegt dessen Stil in der Komposition, die in den Maßen der Berliner gleicht, während

Abb. 104. Heiliger Georg. Federzeichnung. Prag. Sammlung von Lanna.

man aus Typen und Gewandbehandlung auf eine weit frühere Entstehung schließen muß. Der Kopf des Stifters, der einige Ähnlichkeit mit dem des Brügger Bürgermeisters Willem Morel (s. Abb. 65) zeigt, scheint übermalt, während die Erhaltung der übrigen Teile des Bildes nichts zu wünschen übrig läßt.*)

*) Eine Kreuzabnahme im Palazzo Panciatichi zu Florenz (Temperamalerei auf Leinwand) wird von Wilhelm Bode ebenfalls Memling zugeschrieben.

Ein weibliches Brustbild in der ehemaligen Sammlung König Wilhelms II. von Holland trug die Jahreszahl 1479 — das Todesjahr der Dargestellten — und wurde bei der Versteigerung im Jahre 1850 nach Amsterdam verkauft, wo es seither verschollen ist. Eine Lithographie von Gsell gibt leider keine genügende Klarheit darüber, ob das Urbild wirklich von Memlings Hand herrührte. Ähnlich steht es um das Flügelbild einer Stifterin mit der heiligen

Anna, das noch um die Mitte unseres Jahrhunderts in der Sammlung Téaueville in Paris gesehen wurde und seither nicht wieder aufgetaucht ist. Ein Holzschnitt, der danach gemacht wurde (Lacroix, Les arts au Moyen Age S. 297), kann für Beurteilung der Echtheit begreiflicherweise nicht als Grundlage dienen. Äußere Gründe aber sprechen dafür, daß diese Darstellung wohl aus Memlings Werkstatt hervorgegangen. Die jugendliche Frau, die zu Füßen der heiligen Anna selbbritt kniet, trägt dieselbe Kleidung wie Morels Frau auf dem Brügger Akademiebilde (Abb. 68), und eine lateinische Inschrift nennt ihren Namen: „Anna, die Gattin Johanns und Michaels von Nieuwenhove, die Tochter Jans de Blasere, starb am 5. Oktober 1479. Friede ihrer Asche. Amen." Nun stand Memling, wie wir sehen werden, mit der Familie Nieuwenhove in Verbindung, und Martin Nieuwenhove, der 1487 sein Bildnis von dem Meister malen ließ, könnte sehr wohl der Sohn dieser Anna sein, deren Ableben durch eine solche Votivtafel verewigt werden sollte. Der Aufbau der Figurengruppe und die Landschaft des Hintergrundes widersprechen einer Zuschreibung an Memling keineswegs.

Die bürgerliche Wohlhäbigkeit Memlings um diese Zeit (1480) wird illustriert durch einige urkundliche Nachrichten. Er war wohl schon damals vermählt mit einer anscheinend wohlhabenden Frau, die Anna hieß und der Familie de Vallenaere angehörte. Drei Häuser in der Blaemincstraet nannte er sein eigen, und zwar stattliche Steinhäuser mit Ziegeldach, was zu jener Zeit, wo die kleineren Bürger

Abb. 105. Kopie nach Memling. Gruppe von der Kreuzigung Christi. Federzeichnung. London. British Museum.

Abb. 106. Julius Golzius. Kreuzigung Christi.
Stich nach einem Bilde Memlings.

noch vielfach in strohgedeckten Holzhäusern wohnten, als bemerkenswertes Anzeichen von Wohlstand galt. Gehörte er doch auch mit zu denen, die im Mai 1480, als Herzog Maximilian — der spätere Kaiser — für seinen Feldzug gegen Frankreich von der Stadt Brügge eine Geldbeisteuer eintreiben ließ, dem Stadtsäckel, der solcher Aufforderung nicht gewachsen war, zu Hilfe kamen, indem ein jeder die Summe von 20 Schillingen vorschoß. Daraus scheint hervorzugehen, daß er das Bürgerrecht erworben. In seiner Werkstatt arbeitete Hannekin Verhanneman, der am 8. Mai 1480 als „Lehrknappe" des Meisters „Jan van Memme-

Abb. 107. Verkundigung Mariä. Berlin. Palais des Fürsten L. Radziwill. Holz.

linghe" in die Schilderzunft aufgenommen wurde. Drei Jahre später hören wir dasselbe von einem zweiten Gehilfen Paschier van der Meersch, ohne von seiner oder seines Vorgängers Künstlerschaft irgend etwas Genaueres zu erfahren. In der Regel mußten die Lehrknappen drei bis vier Jahre bei einem Meister gearbeitet haben, ehe sie in die Zunft aufgenommen wurden. In der Lehrzeit wurden sie mit Farbenreiben, Bereiten des Malgrundes und anderen Handlangerdiensten beschäftigt. Selbständig Arbeiten zu übernehmen war ihnen bei Strafe verboten; nach dreijähriger guter Führung konnten sie in die Gilde eintreten; für die Aufnahme zahlte man sechs Thaler und mußte allen Meistern und Gesellen einen Trunk Rheinweines spenden; diese entgalten das durch einen Festschmaus zu Ehren des Neuaufgenommenen. All diese Zunfteinrichtungen muß sich immer wieder vergegenwärtigen, wer die Leistungen der damaligen Kunst gerecht beurteilen will. Die Organisation des Handwerkes in genossenschaftlichen Verbänden sollte unlauterem Wettbewerb vorbeugen, die wirtschaftliche Stellung der Gewerktreibenden festigen und auch dem Verkehr zwischen Auftraggebern und Künstlern Treu und Glauben erhalten. Die Zunft verbürgte sich dem Besteller für solide Arbeit und gute Materialien; um das zu können, mußte ihr ein Aufsichts- und Einspruchsrecht eingeräumt werden, das der Freiheit des Künstlers natürlich enge Schranken zog. Erst verhältnismäßig spät gelang es den niederländischen und deutschen Malern, diese Fesseln abzuschütteln.

Memlings Natur war zu solchem Befreiungskampf nicht geschaffen. Er fühlte sich wohlgeborgen in Verhältnissen, die anderen vielleicht eine unwürdige Last dünkten. Bei aller Betriebsamkeit beschaulich, ging er still seinem Handwerk nach und sah mit Befriedigung seinen Wohlstand wachsen. Neben den großen Aufträgen, die er vielfach Bruderschaften und besonders gut situierten Familien verdankte, achtete er auch die kleinen nicht gering und widmete ihnen denselben hingebenden Fleiß. Große Fruchtbarkeit entfaltete er als Bildnismaler. Man kennt — von den Stifterporträts abgesehen — nicht weniger als zwanzig Bildnisse seiner Hand, und diese Zahl gibt schließlich doch nur einen geringen Bruchteil von dem, was er auf diesem Gebiet geschaffen haben mag.

Im Jahre 1480 malte er, wie die Inschrift des Rahmens bezeugt, eine — nicht gerade schöne — Dame (Johannishospital zu Brügge), die man, verleitet durch eine ersichtlich erst im sechzehnten Jahrhundert auf das Bild aufgesetzte Inschrift als persische Sibylle anzusprechen sich gewöhnt hat (Abb. 63).

Da das Bild genau dieselben Maße hat, wie die Porträts des Ehepaares Morel, auch wie diese aus dem Julianshospiz stammt, liegt es nahe, in der Dargestellten eine Angehörige der Familie zu vermuten. Daß es aber nicht, wie die meisten neueren Handbücher Weale nachsprechen, Maria, die zweite Tochter Willem Morels, ist, geht schon daraus hervor, daß sie wesentlich ältere Züge als ihre angebliche Mutter trägt, deren Bild Memling vier Jahre später gemalt hat (Abb. 64). Kopfputz und Schleier, sowie der weiße Brustbesatz des Kleides gehören vielleicht zur Tracht der Julianschwestern, die keinem geistlichen Orden angehörten, vielmehr vom Rat und den Schöffen der Stadt zu ihrem Amt gewählt wurden, das in der gastlichen Aufnahme und Verpflegung armer Pilger bestand. Auch die Frau Willem Morels und eine seiner Töchter stellten sich in den Dienst dieser wohlthätigen Anstalt. Möglicherweise haben wir also in der „persischen Sibylle" eine Vorsteherin derselben zu sehen, die den Morels verwandt war und deren Bildnis mit denen ihrer Angehörigen im Hospiz aufbewahrt wurde. Memlings Kunst hat die reizlosen Züge der etwa Vierzigjährigen zwar nicht verschönt, aber doch ihnen so viel Freundlichkeit abgewonnen, daß die plumpe Nase, der breite Mund und das kurze Kinn verschwinden neben dem gutmütig nachdenklichen Blick, der unter den schweren Augenlidern hervordringt. Hilfsbereitschaft und Fürsorglichkeit, das Verzichten auf äußere Anerkennung prägen sich in diesem bescheidenen Frauenbild mit gewinnender Liebenswürdigkeit aus.

Weniger ging wohl Barbara Morel in dem Beruf auf, Notleidenden beizustehen. Ihr Bildnis, das aus dem gleichen Hospiz in die Gemäldegalerie zu Brüssel gelangte (Abb. 64), zeigt wenigstens trotz der andächtig zum Gebet gefalteten Hände, daß sie weltlicher empfand und an der Seite ihres Gemahls, der im Jahre vorher zum Schöffenbürgermeister der Stadt Brügge gewählt war, wohl zu repräsentieren wußte. Eine etwas derbe Bauernschönheit, obgleich aus altem Patriciergeschlecht der Flandern-

Abb. 108. Männliches Bildnis. Brüssel. Königl. Museum. Holz: 0,34 : 0,25 m.

berghe, mit energischem Kinn und neugierig hoch gezogenen Augenbrauen scheint sie sagen zu wollen: „Ich bin doch gespannt, ob es diesem Maler glücken wird, die Bürgermeisterin der Stadt Brügge zu malen." Etwas wie blasierter Spott spielt um die Mundwinkel. Einfältiglich hat Memling wiedergegeben, was er vor sich sah: die wenig kleidsame Kopfbedeckung mit dem gleich einem Schutzdach vorspringenden

Gazeschleier, die Falten des stämmigen Halses, die Kette und das breitgliedrige Ziergehänge auf der Brust, das breite zwiegeteilte Kinn, den müden Blick der Augen. Zwischen den Säulen des Söllers, auf dem steht gegen eine — etwas ausführlicher gemalte — Landschaft zwischen zwei Säulen. Seine Züge tragen ein weit lebhafteres Gepräge, als die seiner Gattin. Die weiblichen Bildnisse des fünfzehnten Jahrhunderts haben

Abb. 109. Männliches Bildnis. Florenz. Palazzo Corsini. Holz: 0,33 : 0,25 m.
(Nach einer Originalphotographie von Gebrüder Alinari in Florenz.)

die Betende kniet, blaut der Himmel über kugelförmigen Baumkronen.*)

Auch Willem Morels Kopf (Abb. 65)

---

*) Eine Kopie dieses Kopfes befindet sich in der Sammlung Chiaramonte - Bordonaro zu Palermo.

weniger Individualität, da die bürgerliche Frau selten aus dem engen Kreis ihrer alltäglichen Hauspflichten heraustrat, im öffentlichen Leben so gut wie gar keine Rolle spielte. So kommt es, daß Memling, der im Heiligenbilde die Weiblichkeit wie kein zweiter verherrlicht hat — seine ganze Natur neigte sich nach dieser Richtung und seine Köpfe männlicher Heiligen fallen nicht selten durch femininen Charakter auf — als Porträtmaler dennoch Besseres schuf, wenn er einen ausgeprägten männlichen Charakterkopf vor sich hatte. Der Mann, insbesondere ein Mann von der Stellung, wie sie Morel sich geschaffen

Abb. 110. Der heilige Sebastian. Auferstehung Christi. Himmelfahrt Christi. Basle. Louvre. Holz: 0,81:0,30 m. (Nach einem Aufstehend von Braun, Clément & Cie. in Dornach i. E., Paris und New York.)

Kaemmerer, Memling. 8

hatte, mußte den Blick nach außen richten, und sein Antlitz erzählt daher auch weit mehr von der Zeit und ihren Stürmen. Aus einer savoyischen Familie entsprossen, die seit einem Jahrhundert bereits in Brügge ansässig war, stand er an der Spitze der römischen Bank, die für den ausländischen gewogen, daß er ihn 1481 auf haltlose Anklagen hin ins Gefängnis stecken ließ und auch später, als Morel sich glänzend gerechtfertigt, nichts von ihm wissen wollte. Um so mehr Verehrung genoß er bei seinen Mitbürgern.

Das dunkle, in die Stirn gekämmte

Abb. 111. Martyrium des heiligen Sebastian. Brüssel. Königl. Museum. Holz: 0,64 : 0,67 m.
(Nach einer Originalphotographie von Franz Hanfstängl in München.)

Geldverkehr der Handelsstadt von größter Bedeutung wurde. Zahlreiche bürgerliche Ehrenämter hatte man ihm übertragen und schätzte seine oft bewährte Hilfsbereitschaft in finanziellen wie in politischen Dingen nach Gebühr. Offenbar gehörte er zu denen, die die städtischen Freiheiten und Rechte auch gegen Fürstengewalt und Willkür zu schützen wußten, denn der Erbe Karls des Kühnen, Maximilian, war ihm so wenig und hart über den Brauen gekürzte Haar, der stechende Blick des Auges und die stolz gebogene Nase verraten noch etwas von dem südländischen Blut, das in seinen Adern floß. Der gekniffene, fein geschnittene Mund läßt auf Schlauheit und scharfen Witz raten. Das alles steht in Widerspruch zu seiner demütigen Beterhaltung. Die Frömmigkeit war in vielen Fällen mehr Sache des Herkommens als der Überzeugung und

Abb. 115. Madonna mit Stifter. Wien. K. K. Gemäldegalerie.
Holz: 0,65 : 0,48 m.
(Nach einer Originalphotographie von J. Löwy in Wien.)

Empfindung. Es überrascht selbst den Geschichtskundigen, zu vernehmen, daß Pietro Perugino, der Maler andächtigster Inbrunst, ein leichtfertiger Zweifler gewesen sei. Auch bei Memling dürfen wir kaum das Bewußtsein der Empfindungen voraussetzen, die heute seine Schöpfungen auslösen; über ihnen allen schwebt der goldene Heiligenschein einer kirchlichen Erziehung, dessen Echtgehalt genau zu prüfen wir nicht mehr imstande sind. Seine Heiligen sind Wesen, die in der Einbildungskraft der Zeit bereits fertige Gestalt gewonnen und die er nur mit äußerer Wohlgefälligkeit auszustatten brauchte, um Beifall zu finden. So, als derselbe Willem Morel im Jahre 1484 ihm den Auftrag gab, für die Kantoramtskapelle der Jacobskirche einen Altarschrein zu malen, zu Ehren der Heiligen Benedikt, Christophorus und Ägidius (Abb. 66—68, jetzt in der Akademie zu Brügge). Da stellte er die drei schlecht und recht in eine felsige Landschaft, den Ordensstifter in schwarzer Kutte mit Bischofsstab und Buch neben die Nothelfer Christoph und Ägidius. Auf den Flügelbildern aber knieen Willem und Barbara Morel mit ihrer Kinderschar, die nicht weniger als sechzehn Köpfe zählt, versammelt unter dem Schutz der Namensheiligen. Solch ein Bild verdankt seine Entstehung natürlich nicht dem Bedürfnis des Malers, sondern dem Wunsch des Bestellers, und doch läßt Memling keine Unlust spüren, aus dem einfachen Grunde, weil der Gedanke, aus freiem Antriebe zu schaffen, dem Künstler jener Zeit so fern lag, wie etwa heute einem schlesischen Weber der Vorsatz, einen indischen Shawl zu wirken.

Man vermutet, daß bei der Ausführung dieses Altars Memling von dem just im Jahre 1484 in die Brügger Lukasgilde aufgenommenen Gerard David unterstützt wurde, und es ist nicht zu leugnen, daß einzelne Typen des Mittelbildes, besonders aber der heilige Ägidius, an die Art des aus Holland zugewanderten jüngeren Meisters erinnern. Gleichwohl glaube ich in der Anlage des Bildes, in dem Verhältnis der Gestalten zum landschaftlichen Hintergrunde, in der Modellierung der Köpfe und Extremitäten genug Anzeichen für die eigenhändige Ausführung Memlings zu finden. Leider hat das Bild durch ungeschickte Wiederherstellungsversuche gelitten, auch die Jahreszahl auf dem Rahmen ist neueren Datums, ebenso die grau in grau ausgeführten Malereien der Außenflügel, die den heiligen Georg und Johannes den Täufer darstellen. Sie sollen — nach der Annahme Weales — im Jahre 1504 auf Kosten der zwei Söhne Morels, Georg und Jan, hinzugefügt worden sein.

Der Kopf des Stifters auf dem linken Flügelbilde ist genau nach dem Porträt in Brüssel (Abb. 65) kopiert, während die Züge der Barbara Morel nicht sowohl mit ihrem Brüsseler Bildnis als vielmehr mit denen der sogenannten persischen Sibylle überraschende Ähnlichkeit aufweisen. Die älteste Tochter ist in die Kutte der Schwestern vom Johannishospital gekleidet.

Eine aquarellierte Zeichnung im Louvre (Abb. 69), die auf Vorder- und Rückseite einige niederländische Namensinschriften trägt, könnte fast als freie Studie zum heiligen Benedikt gelten, der im Bilde allerdings etwas verjüngt scheint.

Zu derselben Zeit entstand wohl der heilige Hieronymus der Sammlung Schubart in München (Abb. 70), der ebenfalls schon in Einzelheiten an Davids Formensprache gemahnt; daß Memling auch von jüngeren Fachgenossen gelernt, erscheint keineswegs unwahrscheinlich. Der Heilige verrichtet auf steinigem Boden vor dem Kruzifix seine geißlerische Bußübung, während im Hintergrunde der Löwe vor der Felsenhöhle Wacht hält.

In die Nähe des Brügger Familienbildes der Morel gehört auch ein anderes, das aus Spanien in französischen Privatbesitz und schließlich in die Louvregalerie gelangte (Abb. 71). Es stellt die in einem Kirchenraum thronende Madonna dar, bei der die Familie des Brügger Troguenhändlers Jacob Floreins knieend ihre Huldigung darbringt. Der Pilgerapostel Jacob der Ältere und der heilige Benedikt (?) empfehlen ihre Schützlinge der Gnadenmutter, deren schmächtige Gestalt, wie die ihres Knäbleins aufs lebhafteste an die Madonna des Triptychons zu Chatsworth (Abb. 21) erinnern. Die weit robusteren Formen der Heiligen und Beter bekunden jedoch, daß die ängstliche Subtilität der Frühzeit inzwischen einem breiten und sicheren Vortrag Platz gemacht hat. Die

Abb. 113. Johannes der Täufer und Johannes der Evangelist. Innenflügel zu Abb. 112.
(Nach einer Originalphotographie von J. Löwy in Wien.)

eng gedrängten Köpfe der zahlreichen weiblichen und männlichen Nachkommenschaft beschweren die Komposition auf beiden Seiten empfindlich, aber der wechselnde Ausdruck in diesen Kindergesichtchen, zumal die naive Unbefangenheit, mit der die letzten in der Reihe ihren Hals ausrecken, um zu sehen und gesehen zu werden, versöhnen uns mit der dem Maler hier zugemuteten undankbaren Aufgabe. Als gelte es, diesen Figurenmassen Luft zu schaffen, hat er den Kirchenraum des Hintergrundes gehörig vertieft. Nach dem Gebet in brangvoll fürchterlicher Enge, so denkt der Beschauer, kann sich die Kinderschar wenigstens unter den Arkaden des Kirchenschiffes nach freien

Gelüsten ergehen. Aus solchen Zügen redet ein gescheiter Künstlerverstand, der Memling stets aus der Not hilft.

Die reinste Freude an seiner Meisterschaft aber empfindet man vor Bildern, die in kleinem Rahmen und wenigen Ge-

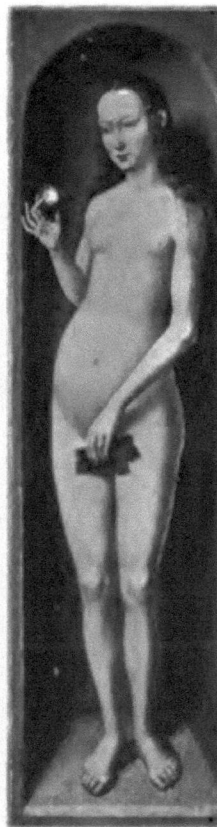

Abb. 114. Adam und Eva. Außenflügel zu Abb. 112.
(Nach einer Originalphotographie von Franz Hanfstängl in München.)

stalten alle Innigkeit und Zartheit, deren er fähig war, zusammenfassen. Ein solches Juwel Memlingscher Kunst birgt das Johannishospital in der Votivtafel des Martin van Nieuwenhove aus dem Jahre 1487 (Abb. 72 und 73). Der junge Patricier war gleich Willem Morel ein Kurator des Julianhospizes, dem er zum An-

denken an seine Thätigkeit ein zweiflügeliges Klappaltärchen stiftete. Links malte Memling die Halbfigur der Madonna in einem bürgerlichen Gemach, rechts den Stifter am Betpult. Maria hat ihr Knäblein auf einen Tisch oder eine Brüstung gesetzt und hält ihm einen Apfel zum Spielen hin, während sie mit der Rechten fürsorglich das Kind stützt. Ihre Züge sind reifer und frauenhafter als auf anderen Bildern Memlings, das Christkind mit seiner keck aufgewippten Nase, seinen Pausbacken und dem lockeren Blondhaar über der hohen Stirn würde vielleicht noch liebenswürdiger erscheinen, wenn der Blick der unter hochgezogenen Brauen hervorschauenden großen Augen etwas weniger pastorale Würde merken ließe. Auch der gleichmütige Ausdruck im Antlitz der Mutter und die gezierte Haltung ihrer linken, viel zu kleinen Hand, könnten unsere Teilnahme abkühlen, wenn nicht das weiter tastende Auge gefangen genommen würde durch den liebevoll und intim ausgeführten Hintergrund. Vor einem Fensterpfeiler sitzt die Gottesmutter; links sind die unteren Läden bis auf einen kleinen Spalt geschlossen, und ein Rundspiegel zeichnet die Hauptfiguren des Doppelbildes noch einmal ab; oben ist in zierlicher Bleiverglasung das Wappen des Stifters mit seinem Wahlspruch: „Il y a cause" angebracht. Aus dem offenen Fenster rechts aber blickt man in eine idyllische Landschaft, auf deren umbuschten Wegen eine Bäuerin mit dem Korb auf dem Haupte zu Markte zieht. Die Verglasung der oberen Fensterscheiben wird durch die Bilder des heiligen Georg und Christoph geschmückt.

Martin van Nieuwenhove, im jugendlichen Alter von 22 Jahren, kniet auf dem rechten Flügelbilde vor seinem Betpulte (Abb. 73); das Licht fällt auch hier durch die Fenster der Rückwand ein und umfließt den sympathischen, wenn auch nicht gerade bedeutenden Kopf des Beters. Das üppige,

Abb. 115. Madonna mit Engeln. Florenz, Uffizien. Holz: 0,97 : 0,43 m.
Nach einem Kohledruck von Braun, Clément & Cie. in Dornach i. E., Paris und New York.)

dunkle Lockenhaar ist in der Mitte der Stirn gescheitelt und fällt auf die Schultern herab. Der leise geöffnete Mund scheint ein Ave Maria zu sprechen, die Augen blicken starr ins Leere. Wie so oft ist auch hier dem Maler nicht gelungen, eine Beziehung des Andächtigen zu dem Ziel seiner Andacht zum Ausdruck zu bringen. Und trotzdem zürnen wir ihm nicht, bezwungen von der Liebenswürdigkeit, die auch dem Un-

Abb. 116. Memling? Madonna mit Engeln. Görlitz, Gottisches Haus. Holz: 0,56 : 0,49 m.

bedeutenden und Unzulänglichen Reiz zu leihen weiß. Daß er sich nicht leicht that mit seiner Aufgabe, verraten die zahlreichen Verbesserungen und Änderungen der Zeichnung, die man unter der dünn aufgetragenen Farbenschicht der Übermalung — besonders auch bei den Händen — unschwer erkennt.

Mit der gleichen Jahreszahl 1487 ist ein männliches Beterbildnis in den Uffizien zu Florenz (Abb. 76) bezeichnet, das mit dem ebendort befindlichen Brustbild des heiligen Benedikt (Abb. 74) und einer Madonna in Berlin (Abb. 75), nach den Maßen zu schließen, ehemals zu einem feststehenden Dreiblatt vereinigt war. Das Berliner Mittelstück ist im Motiv der Madonna des Martin van Nieuwenhoven eng verwandt, zeigt überhaupt weit mehr Memlingischen

Abb. 117. Madonna mit Stifter. London, Nationalgalerie.
Holz: 0,52 : 0,37 m.
(Nach einem Kohledruck von Braun, Clément & Cie. in Dornach i. E., Paris und New York.)

Charakter als die beiden etwas weichlich gehaltenen Porträts. Auch hier hat Maria ihr Kind auf eine Brüstung gesetzt, über die ein Teppich gebreitet ist, und reicht ihm mit der Linken einen Apfel. Die Rückwand öffnet sich in zwei Dreipaßfenstern auf eine von tiefem Himmelsblau überstrahlte Flachlandschaft mit Baumtriften, Burgbauten und Staffagefigürchen. Der Stifter, ein unbärtiger Mann in der Mitte der Dreißiger, mit lockerem, etwas spröbem, über der Stirn gescheiteltem Haar, kniet vor seinem Betpult auf einer Loggia, aus der man in eine ländliche Gegend blickt. Der heilige Benedikt liest eifrig in seinem Brevier.

Die beiden Florentiner Bilder stammen aus dem Hospital von S. Maria Nuova, das, eine Schöpfung der Portinari, im fünfzehnten Jahrhundert, gleich dem Johannisspital in Brügge, zahlreichen Kunstwerken der italienischen und vlämischen Schule Schutz bot. Der auf der Rückseite des Männerbildnisses angebrachte Wahlspruch: „De bono in melius" kehrt in der französischen Form: „De bien en mieux" als Familiendevise der Chateauvillains wieder.

Aus gleicher Zeit stammen zwei Bildnisse der Galerie zu Hermannstadt (Abb. 77 und 78), die leider durch Übermalung und schlechte Behandlung stark gelitten haben, deren Originalität durch deutsche Inschriften des sechzehnten Jahrhunderts auf der Rückseite (vom Memling) bekräftigt wird. Das eine zeigt einen schwarz gekleideten Beter in halber Figur mit seinem Söhnchen, auf dem anderen erscheint seine Gattin in schwarzem Gewande mit weißer Schleierhaube, auch sie in betender Haltung und in der gleichen Tracht wie wir sie von den Bildnissen der Barbara Morel kennen. Es sind zwei überaus lebensvolle, scharf charakterisierte Gestalten der Brügger Gesellschaft. Die Art, wie die Figuren durch den Bildrand in der Mitte des Leibes begrenzt werden, läßt an Ausschnitte aus größeren Stifterflügeln schließen. —

Im Jahre 1487 starb Memlings Hausfrau Anna, die ihm drei noch unmündige Kinder, Hans, Cornelia und Nikolaus, hinterließ. Das geht aus einer notariellen Urkunde hervor, die die Erbschaft festlegte. Zwei Jahre darauf schuf der Meister das Werk, das seinen Namen am weitesten bekannt gemacht hat, aus dem die Tugenden seiner Kunst am hellsten hervorleuchten: den **Ursulaschrein für das Johannisspital zu Brügge**. In der Kirche dieses Spitales wurden seit alters in einem eichenen Kasten zahlreiche Reliquien aufbewahrt, unter denen — neben Erdresten vom Berge Sinai, Haaren der Jungfrau Maria, Splittern der Wiege Christi und vielen anderen Andenken, die fromme Pilger in gutem Glauben aus dem heiligen Lande heimgebracht, — auch einige Überreste von den Gebeinen der 11000 Jungfrauen aus der Gefolgschaft der heiligen Ursula besondere Verehrung genossen. Derartige Schätze barg man bereits im Mittelalter gern in Schreinen oder Truhen, die mit Darstellungen aus der Legende der Heiligen geschmückt waren. So besaß die Liebfrauenkirche zu Limburg einen eichenen Schrein mit den Gebeinen der heiligen Odila, einer Genossin der Ursula, der in Form einer gotischen Kapelle gebildet und 1292 in Lüttich mit Malereien aus der Geschichte der Märtyrerin bedeckt war. Der wahrscheinlich schmucklose und altersschwache Reliquienkasten des Brügger Hospitals sollte durch eine prächtigere Hülle ersetzt werden, und Hans Memling war auserzehen, diese mit Bildern der Ursulalegende zu zieren. Wahrscheinlich haben zwei Schwestern, deren Bildnisse auf der einen Schmalseite verewigt wurden, die Kosten bestritten. Im Jahre 1489, am Gedächtnistage der 11000 Jungfrauen, fand die feierliche Übertragung der Reliquien in den neuhergestellten Schrein durch den Weihbischof von Tournay Gillis de Bardemaker statt, und ein ausführlicher Bericht über diesen Akt wurde durch den Notar des Bischofs Romboudt de Toppere aufgesetzt, ebendemselben, der uns in seinem Tagebuche das Todesdatum Memlings aufbewahrt hat. Im vorigen Jahrhundert lief das Johannishospital Gefahr, diesen Schatz zu verlieren, als die Franzosen ihn als willkommene Beute nach Paris schleppen wollten. Man fragte die Schwestern nach der „chasse de Ste. Ursule", aber, da denen nur die altvläämische Bezeichnung „ryve" dafür bekannt war, leugneten sie, eine solche „classe" zu besitzen, und die französischen Beamten traten ihren Rückzug an. Als man im Jahre 1816

Abb. 118. Madonna. Berlin, Königl. Gemäldegalerie.
Holz; 0,81 : 0,55 m.
(Nach einer Originalphotographie von Franz Hanfstängl in München.)

wiederum mit ähnlichem Ansuchen an die Oberin des Spitales herantrat und eine große Summe für das Kleinod bot, erwiderte sie: „Wir sind arm, aber gerade deshalb kann uns irdischer Reichtum nichts anhaben."

Der Reliquienkasten oder die „ryve" ist aus Eichenholz in Form eines gotischen Gehäuses mit schräg abfallendem Dach gezimmert und mit geschnitzten architektonischen Zieraten, Kreuzblumen, Fialen und Edelfigürchen reich ausgestattet (Abb. 79). Alle Flächen aber blieben dem Maler überlassen, der auf den Längsseiten in sechs Bildern Ereignisse aus dem Leben der heiligen Ursula, auf den beiden Schmalseiten diese und die Madonna darstellte, während er die geneigten Dachflügel mit zierlichen Rundbildern belebte.

Ursula war die Tochter des britischen Königs Maurus; ihre Schönheit und Sittsamkeit lockte viele Freier an, so auch den heidnischen Prinzen Ätherius von England, der durch eine Gesandtschaft um ihre Hand werben ließ. Maurus, der mit seinem Hause zum Christentum übergetreten war, trug Bedenken, diese Werbung auszuschlagen, da er die große Macht von Ätherius' Vater fürchtete. Ursula aber stellte dem Freier folgende Bedingungen: er müsse ihr zehn adlige Jungfrauen seines Landes als Hofstaat geben und jeder dieser wiederum 1000 Mägdlein aus dem Volke, mit denen sie drei Jahre lang auf Schiffen seiner Flotte umherreisen und die sie zum christlichen Glauben bekehren wollte. Wenn nach dieser Frist Ätherius selbst sein Heidentum abgelegt habe, wollte sie ihm als Frau angehören. Der Königssohn beugte sich willig diesen Bedingungen und ließ sich sogleich taufen. Ursula aber bestieg mit ihrer zahlreichen Gefolgschaft die Schiffe und trat ihre lange Reise an. Sie führte sie auch nach Köln. Memling schildert im ersten Bilde die Ankunft der Reisigen in der heiligen Dreikönigsstadt, deren mächtige Bauten — der Dom mit seinem Chorbau und Turmkran, daneben St. Martin und der Bayenturm — sich vom Horizont abheben (Abb. 80). Durch ein Uferthor betreten einige der Ankömmlinge die Stadt, andere — unter ihnen die reich gekleidete Prinzessin selbst — steigen just aus Land. Sigillindis, eine gottesfürchtige römische Fürstin, bietet ihrer britischen Schwester herzliches Willkommen. Auf den Schiffen aber sind die Bootsleute mit dem Ausladen des Gepäckes beschäftigt. Das alles ist mit so naiver Erzählerfreude vorgetragen, so gewissenhaft und getreulich nach Eindrücken, die der Maler am Hafenkai zu Sluys oder in Köln selbst empfangen haben mochte, berichtet, daß wir uns mitten hinein versetzt glauben in das Leben und Treiben der Zeit und dem Schicksale der Heiligen aus dem dritten Jahrhundert nicht weiter nachsinnen. Eine kleine episodische Schilderung nur weist auf den heiligen Gegenstand. Rechts neben dem Thor, durch das die Jungfrauen die Stadt betreten, blicken wir in ein Giebelhaus hinein, in dessen Kemenate Ursula im Traum die himmlische Botschaft erhält, daß ihr bestimmt sei, hier in Köln den Martertod zu finden, vorher aber solle sie noch mit ihren Genossen nach Rom ziehen. Diesem Winke folgsam bricht sie von Köln auf.

Die zweite Etappe der Pilgerreise bildet Basel (Abb. 81). Die Schifflein sind rheinauf gefahren, soweit der Strom es zuließ. Die Segel werden gerefft und, wiederum von freundlichen Frauen willkommen geheißen, verläßt Ursula ihr Fahrzeug, um nun mit ihren Genossen zu Fuß den beschwerlichen Weg über die Alpen anzutreten. Rechts sehen wir sie mit geschürzten Kleidern bergwärts schreiten.

In Rom angelangt, so erzählt das dritte Bildchen weiter (Abb. 82), empfängt sie Papst Cyriacus, selbst britischer Abstammung, umgeben von seinen Kardinälen und Diakonen, an der Pforte der Peterskirche und spendet der fußfällig darum bittenden Prinzessin den apostolischen Segen. Einige der Genossen erhalten erst hier (rechts im Bilde) die Taufe, andere beichten, Ursula empfängt im Kirchenraum die Spende des Abendmahls. Dies Bildchen ist vielleicht das liebenswürdigste und gelungenste der ganzen Reihe, auch in koloristischer Beziehung. Die Farben der reichen Gewänder leuchten in ungetrübter Kraft und Durchsichtigkeit, die grauen Steinmassen des Petersbaues bilden den wirkungsvollen Gegensatz dazu. Die Scene bezeichnet auch den Höhepunkt der Pilgerfahrt. Entschloß sich doch der Papst, bestimmt durch ein göttliches Traumgesicht und unbekümmert

Abb. 119. Schule Memlings. Madonna. London. Nationalgalerie. Holz: 0,40 : 0,28 m.
(Nach einem Kohledruck von Braun, Clément & Cie. in Dornach i. E., Paris und New York.)

um die Bedenken seiner Kardinäle, die fromme und folgsame Tochter der Kirche auf ihrer Rückfahrt zu begleiten. So wanderte man über die Alpenpässe zurück, um in Basel die Schiffe wieder zu besteigen, die so lange auf ihre Herren gewartet (Abb. 83). Weder der Segensspruch des Papstes, der zwischen zwei Kardinälen im vordersten Boot Platz genommen, noch das fromme Gebet Ursulas für die Heimfahrt, vermochten den Ratschluß des Himmels zu wenden. Vor den Mauern Kölns, die sie nach schneller Fahrt stromab erreichten, sollte ihr Schicksal sie ereilen. Heiden — nach einer Überlieferung der Christenfeind Maximin, nach anderer die wüsten Horden der Hunnen — empfangen die Pilgerschar vor Köln mit Pfeilschüssen und Schwertstreichen (Abb. 84). Einige Jungfrauen ducken sich vergebens in dem engen Schiffsraum vor dem Hagel feindlicher Geschosse, der vom Ufer auf sie eindringt, eine sinkt

Abb. 139. Schule Memlings. Christus von Engeln umgeben.
Straßburg. Städtische Galerie. Holz: 0,22 : 0,14 m.

in den Armen Ursulas zusammen, durchbohrt von dem Schwert eines Kriegers, der den Schiffsbord erstiegen. Ursula selbst ward erst am Ufer vor dem Zelte Maximins durch Bogenschützen getötet (Abb. 85). Gelassen steht sie neben dem Fürsten, der sie teilnehmend betrachtet und von dem Vorsatz, für ihren Glauben zu sterben, abzubringen versucht. Nach der Legende bot er ihr sogar seine Hand zum ehelichen Bunde. Sie wehrt seinem Zureden mit der Rechten und sieht getrost dem Todesgeschoß entgegen, das im nächsten Augenblick von der Bogensehne des gepanzerten Schützen schwirren wird.

Dies Schlußbild der Legende steht künstlerisch auf gleicher Höhe wie die Empfangsscene in Rom. Der glücklich gewählte, spannende Augenblick kurz vor der Entscheidung, die Beschränkung auf wenige Figuren geben Memling Gelegenheit, scharf zu charakterisieren. Die malerische Durchführung, namentlich der spiegelnden Panzer, ist vollendet zu nennen. Ähnlich mag es im Zeltlager Karls des Kühnen ausgesehen haben, dessen wohlgerüstete Kriegerscharen damals den Feinden oft genug Schrecken einflößten. Das zierliche Windspiel im Vordergrunde, das neugierig zu der Heiligen emporblickt, lehrt in Memling auch den feinen Beobachter des Tierlebens kennen. Wie in der Rede eines Menschen oft ein kluges Wort überraschendes Licht fallen läßt auf die ganze Persönlichkeit, so geben auch unscheinbare Einzelheiten eines Bildes häufig Aufschluß über Wesen und Bedeutung des Meisters. Auf sie zu achten, muß der Freund altflandrischer Kunst deshalb beflissen sein. Wie rührend zart ist zum Beispiel die Gebärde des gepanzerten Fürsten, der, bezwungen vom Liebreiz seines Opfers, noch einen letzten Überredungsversuch macht, wie verständlich die abweisende Gebärde der Heiligen! Während die rohen Kriegsleute, unbekümmert um das im Hunnenlager alltägliches Ereignis, auf neue Opfer sich stürzen, zeigen die anderen Zuschauer Teilnahme und Besorgnis. Sie dürfen vielleicht als Angehörige des Ätherius gelten, der mit seiner Mutter dem Martyrium seiner Braut beigewohnt haben soll. Der bogenspannende Henker schickt sich ohne Zaudern an, den ihm erteilten Befehl auszuführen; Neugier und Spannung beleben die Züge seiner Genossen. Solche Unterscheidung zwischen der Empfindung des Pöbels und den Höhergestellten zeugt von einer Vertiefung des Vorwurfs nach seiner seelischen Seite, wie wir sie bei den gleichzeitigen Malern nur selten antreffen.

Die vordere Schmalwand des Kastens (Abb. 86) zeigt Ursula in einer Kapellennische, die schutzflehenden Jungfrauen unter ihrem hermelinbesetzten Mantel bergend. Auf der gegenüberliegenden Bildfläche ist die Madonna mit zwei Schwestern des Johannishospitales zu ihren Füßen dargestellt (Abb. 87). Die Medaillons in den Dachflächen schließlich schmückt eine Wiederholung der Heiligen und ihres Gefolges, sowie eine Krönung Mariä, flankiert von den Halbfiguren musizierender Engel (Abb. 88—93, leider sehr stark verdorben durch ungeschickte Nachbesserung).

Was Memling an Gemütstiefe und Holdseligkeit seinen einfältigen Schilderungen einzuflößen vermochte, ist in den Tafeln dieses Schreines beschlossen. Wäre er allein von all seinen Werken auf die Nachwelt ge-

langt, man würde das Bild seiner Künstlernatur und seines sympathischen Wesens kaum wesentlich schärfer umreißen können.

Es ist lehrreich, seine Schilderung dieses Heiligenlebens mit der nur wenige Jahre später entstandenen des Vittore Carpaccio in der Akademie von Venedig zu vergleichen. Dieselbe Erzählung in italienischer Sprache zu hören, schärft den Sinn für die Eigenheiten beider Kunstschulen, ja, darüber hinaus, für die Unterschiede in Bildung und Gesittung diesseits und jenseits der Alpen. Der Venetianer

Abb. 131. Schule Memlings. Das Fegefeuer. Straßburg. Städtische Galerie.
Holz: 0,22 : 0,14 m.

Abb. 122. Schule Memlings. Die Eitelkeit. Straßburg. Städtische Galerie.
Holz: 0,22 : 0,14 m

Das Martyrium der Heiligen ist als Massengemetzel dargestellt, eine Konzentration der Empfindung nicht angestrebt. Freilich stellte die Brüderschaft des Ursulawaisenhauses zu Venedig ihrem Maler große Wandflächen zur Verfügung, wo der Brügger Spitalmaler sich mit den winzigen Maßen seines Eichenschreines abfinden mußte. Diese Großräumigkeit der Interieurs, die geschickte Anordnung der Architekturen und Menschenmassen im Bildraum steht in schroffem Gegensatz zu der kleinstädtischen Enge und der gedrängten Gruppierung bei Memling. Selbst die einzelnen Gestalten bewegen sich eleganter und freier als bei ihm. Aber jene Intimität der Empfindung, die aus einzelnen Köpfen des Nordländers zu uns redet, suchen wir bei dem Italiener vergebens. Der spricht die gewandte und an diplomatischen Wendungen reiche Sprache des Weltmannes, unser Meister trägt sein Herz auf der Zunge. Den einen bewundern, den anderen lieben wir.

entrollt uns ein Bild des farbenreichen und prunkvollen Lebens seiner stolzen Heimatstadt. Die feierlichen Empfänge der englischen Gesandten am Hofe des Maurus und ihre Rückkehr in die Heimat werden mit besonderer Breite und Ausführlichkeit in den Vordergrund gerückt. Hier konnte er den ganzen Pomp schildern, den die venetianische Republik bei ähnlichem Anlaß zu entfalten pflegte. Die seelisch bedeutsamen Scenen dagegen, wie die Unterredung Ursulas mit ihrem Vater und ihre Traumvision, werden als Nebensachen behandelt.

Die spätest datierte Arbeit von Memlings Hand, ein vielgliederiges Altarwerk, mit Darstellungen der Passion Christi, befindet sich in der Marienkirche zu Lübeck. Heinrich Greverade, ein Lübecker Bankier niederrheinischer Herkunft (er stammte aus Gräfrath am Rhein), der mit dem Handelskomtor der Osterlinge zu Brügge in regem Geschäftsverkehr stand, hatte mit Heinrich Castorp und Hans Pawels eine

Brüderschaft gegründet, die sich an einem Tage des Jahres in der Kapelle zum Heiligen Kreuz im Lübecker Dom zu gemeinsamer Andacht versammelte. Für den Altar dieser Brüderschaftskapelle, deren thatsächliche Stiftung allerdings erst 1493 beurkundet ist, war wohl das nach einer Inschrift auf dem Rahmen 1491 gemalte Altarbild Memlings bestimmt, das heute in einem der Maria geweihten, aber ebenfalls als Greverodenkapelle bezeichneten Raume der Frauenkirche aufbewahrt wird (Abb. 94). Heinrichs Bruder Adolf lebte als Geistlicher in den Niederlanden und bestellte vielleicht den Altar bei Memling.

Für die Kapelle zum Heiligen Kreuz paßt die Darstellung des Kreuzestodes Christi als Mittelbild (Abb. 94). Da ist auf der Schädelstätte Golgatha viel Volk versammelt, neben neugierigen Gaffern und gefühllosen Kriegsknechten, die um des Herrn Rock wür-

Abb. 123. Schule Memlings. Der Tod. Straßburg. Städtische Galerie. Holz: 0,22 : 0,14 m.

feln, die verzweifelten Nächsten des Erlösers, Maria, Johannes, Magdalena und andere heilige Frauen, Longinus, Joseph von Arimathia, Kaiphas u. a. Einzelne Köpfe dieser Gemeinde fallen durch porträtmäßige Züge auf, so die drei links am Kreuz des guten Schächers: vielleicht Bildnisse der drei Begründer der Brüderschaft. Auch der mit dem Pilgerhut geschmückte Zuschauer neben dem Kriegshauptmann und sein Nachbar mit der roten Sendelbinde sind mehr als einfache Statisten, ohne daß eine weitere Vermutung über ihre Person offen stünde. Ein berittener Schalksnarr,

hinter dessen Sattel ein Affe seine Possen treibt, fehlt nicht unter der Menge.

Man bezeichnete solche Darstellung des Todes Christi als „Kreuzigung mit eym Gebränge", und die Komposition Memlings verdient den Namen, da sie in der That ein wirres Durcheinander von allerlei Gestalten, anscheinend ohne klare Gliederung, dem Auge bietet. Gleichwohl waltet in dem Aufbau weit mehr künstlerische Überlegung als in der älteren Fassung des gleichen Vorwurfs zu Chantilly (Abb. 24). Die Mitte des Vordergrundes ist frei gelassen, und damit eine größere Tiefe der

9

Scene erzielt, die scharfen Gegensätze zwischen der Gruppe der von leidenschaftlichem Schmerz bewegten Frauen und den rohen Spießgesellen, die um das Kleid Christi in Streit geraten, wirkungsvoll nach vorn gerückt, das Gleichgewicht der Figurenmassen im Mittelgrunde ungezwungen hergestellt. Gegenüber der älteren Darstellung fällt die größere Freiheit und Leichtigkeit der Gruppierung, die bessere Beherrschung des Bildraumes, ebenso wie die Abrundung der Bewegungsmotive, die Wohlgefälligkeit der Linienführung deutlich ins Auge.

Links vom Mittelbilde hat Memling die Kreuzschleppung Christi und andere Episoden der Passion dargestellt (Abb. 95), rechts die Grablegung und Auferstehung, der im Hintergrunde ebenfalls weitere Scenen aus der Geschichte des Auferstandenen hinzugefügt sind. Hatte er aber in der Passionsgeschichte zu Turin das einzelne gleichberechtigt nebeneinander gestellt, in fortlaufendem Chronikenstil berichtet, so greift er jetzt die für das Verständnis der Hauptsache wichtigsten Ereignisse heraus und rückt sie in den Vordergrund. Der Kreuztragung wohnt — eine zweite Veronika — der Stifter des Bildes betend bei; links in der Ecke des Bildes kniet er mit gefalteten Händen, während der Troß der Schergen Christum auf seinem letzten Wege zum Stadtthor hinaustreibt.

Auf dem rechten Flügel wird Christi Leichnam, geleitet von den heiligen Frauen, im Felsengrab geborgen, aus dem er am dritten Tage wieder auferstehen sollte (Abb. 96). Ein Engel wälzt den Stein vom Grabe, dem Christus mit der Siegesfahne entschwebt, während die Wächter in tiefem Schlaf liegen.

Die Außenseiten dieses Flügelpaares schmücken die Gestalten Johannes des Täufers und des heiligen Blasius. Zwei weitere Schutzthüren zeigen innen den heiligen Hieronymus und Ägidius (Abb. 97 und 98), außen die Grisaillemalerei der Verkündigung (Abb. 99). Adolf Greverade stiftete 1504 in seinem Testament eine Vikarie in der Marienkapelle des Domes zu Ehren des Täufers und der Heiligen Hieronymus, Blasius und Ägidius, offenbar im Hinblick auf diese Heiligenbilder.

Man hat den Lübecker Altar, dessen Entstehungsgeschichte, trotz der offenbaren Beziehungen zur Familie Greverade, keineswegs völlig aufgeklärt ist, als Werkstattarbeit bezeichnet und auf technische Schwächen hingewiesen, die die eigenhändige Ausführung durch Memling zweifelhaft erscheinen lassen. Daß der Entwurf ihm zuzuschreiben, ist füglich nicht zu bestreiten. Aber auch die Typen der Köpfe und alle Einzelheiten der Formbehandlung geben den Zweiflern Unrecht. Die Darstellung der Innenbilder ist mit wenigen Abweichungen wiederholt in einem kleineren Triptychon, dessen Mittelstück in der Landesgalerie zu Pest (Abb. 100), dessen Flügel in der kaiserlichen Gemäldesammlung zu Wien (Abb. 101) bewahrt werden. Hier lernen wir die ältere Fassung des Gegenstandes und zwar zweifellos von Memlings eigener Hand kennen.*) Sie ist einfacher, klarer disponiert, weil der kleinere Raum eine allzu starke Häufung der Gestalten nicht ratsam erscheinen ließ. Memling paßt sich stets klug solchen äußeren Bedingungen an. Die Pester Kreuzigung ist ein Breitbild, daher die Komposition mehr in die Breite gezogen und gelockert. Einzelnes weist noch auf die früheste Darstellung in Chantilly zurück. Vergleichen wir die drei Kreuzigungsbilder, denen sich noch eine Federzeichnung im Britischen Museum (Abb. 105) und ein Stich des Julius Goltzius (1586, Abb. 106) nach verlorenen Originalen Memlings anreihen, untereinander, so erhalten wir Aufschluß über die Art, wie der Meister von unbeholfenen Ansätzen zu immer freierer Gestaltung fortschreitet. Unschwer erkennt man überall die gleichen Gestalten auf der gleichen Bühne wieder, aber wie sie gestellt sind, wie ihre Gebärden der Empfindung Ausdruck leihen,

---

*) Ob zwei Federzeichnungen der Sammlung von Beckerath in Berlin (Abb. 102 und 103) als Studien zu diesem Bilde oder nicht vielmehr als Kopien aus demselben zu betrachten sind, mag ich nicht entscheiden. Sie geben die beiden Schächer am Kreuze wieder und entsprechen in allen Einzelheiten — bis auf einzelne Fragmente der angrenzenden Landschaftsteile — den angeführten Gestalten. Die Ausführung, namentlich des linken Schächers, ist frei und sicher. Da wir nicht keine beglaubigten Zeichnungen Memlings kennen — auch eine Zeichnung des heiligen Georg in der Sammlung von Lanna zu Prag (Abb. 104) kann auf Echtheit nur bedingten Anspruch erheben — bleibt eine Entscheidung der Frage mißlich.

darin wird die wachſende, auf Neues ſinnende Regiekunſt des Malers offenbar. Auch hier ſeine tief gehende Wandlung der Auffaſſung, ſondern nur ein kluges Zurechtrücken und anderes Verteilen der Rollen. Feilen und Ciſelieren war ſeine Art, nicht Ummodeln und Neubilden. —

Zahlreich ſind die Arbeiten Memlings, für deren Zeitſtellung man vergebens feſte Anhaltspunkte ſucht.

Ein Verkündigungsbild im Beſitz des Fürſten Radziwill zu Berlin (Abb. 107) ſoll auf dem urſprünglichen Rahmen die Jahreszahl 1482 getragen haben; ob es indes aus dieſer Zeit herrührt, läßt ſich ſchwer entſcheiden. Maria erhält die Verkündigung in ihrem Schlafgemach, das mit allerlei Hausrat traulich ausgeſtattet iſt. Sie hat ſich bei den Worten Gabriels vom Betſchemel erhoben und ſcheint durch die Botſchaft zum Umſinken betroffen. Zwei Engel fangen ſie in ihren Armen auf, während auf ihr Haupt die Taube des heiligen Geiſtes ſich herabſenkt. Selten hat Memling innerliche Ergriſſenheit ſo überzeugend zu ſchildern verſtanden, wie hier; ſelten auch iſt er von dem überlieferten Typus der Darſtellung zu gunſten ſelbſtändiger Auffaſſung abgewichen, wie hier. Auf gleicher Höhe, wie die Erfindung ſteht die Ausführung, die namentlich in den Händen und in den ſtofflichen Einzelheiten von ungewöhnlicher Zartheit iſt.

Zwei männliche Bildniſſe in Brüſſel und im Palazzo Corſini zu Florenz (Abb. 108 und 109) ſtehen in der allgemeinen Anordnung zwar noch der älteren Manier des Meiſters nahe, wäh-

Abb. 124. Schule Memlings. Totenſchädel. Straßburg. Städtiſche Galerie. Holz: 0,22 : 0,14 m.

rend die Art des Vortrages und die breite Formengebung auf ſpäte Entſtehung raten laſſen. Die Züge des Florentiner Kopfes erinnern an die des Stifters auf den Flügelbildern der Sammlung Kann (Abb. 41).

Widerſprüche erſchweren auch eine genauere Datierung des aus der Sammlung

Abb. 125. Schule Memlings. Wappen. Straßburg. Städtische Galerie.
Holz: 0.22 : 0,14 m.

Pallardi ins Louvre gelangten Altarbildes, das vielleicht ursprünglich den Altar einer Sebastianskapelle schmückte (Abb. 110). Darauf läßt die Darstellung des linken Flügels schließen, die ziemlich ungewöhnlich das Martyrium des Schützenpatrons neben die Auferstehung Christi (Mittelbild) und dessen Himmelfahrt (rechter Flügel) stellt. Die Brügger Sebastiansbruderschaft, die sich besonderen Ansehens in der Hansestadt erfreute, mag Memling den Auftrag dazu erteilt haben, wie man neuerdings auch eine andere — wohl noch ältere — Darstellung des Martertodes des heiligen Sebastian in Brüssel (Abb. 111) auf solchen Auftrag zurückführen will.

Interessant ist auf dem Pariser Altarwerk die Umrahmung des Mittelteils. Wir begrüßen in den Guirlanden befestigenden Putten die ersten Boten des italienischen Renaissancefrühlings im Norden. Memling hat offenbar an diesen antiken Ziergestalten, wie sie Donatello in Florenz zu neuem Leben erweckte, früher als alle übrigen niederländischen Maler Freude gefunden. Wir treffen sie mit der gleichen Aufgabe beschäftigt auf dem Hauptbild eines Triptychons der Wiener Galerie (Abb. 112), das für eine ganze Gruppe seiner Madonnendarstellungen den Typus feststellt. Die alte gotische Überlieferung liegt hier in wunderlichem Widerstreit mit den Forderungen der neu aufstrebenden welschen Zierkunst. Die architektonische Umrahmung, die Roger van der Weyden seinen Bildern zu geben liebte, war zwar auch mit figürlichem Schmuck bedacht; der hielt sich aber im Formenkreis gotischer Portalskulpturen: kleine Gruppen biblischer Figuren wurden in Tabernakeln übereinander getürmt. Ganz mag sich Memling von dieser altgewohnten Weise nicht lossagen. Die Säulen, die den flachen Rundbögen des Rahmens stützen ihn an die Stelle des Spitzbogens zu setzen, war bereits eine kühne That — werden bekrönt von zwei heiligen Martergruppen. Aber unter dem Sockel, der sie trägt, umspielen lustige heidnische Genien den Schaft und scheinen des gotischen Tabernakelzierates zu spotten, der nach altväterischer Sitte die oberen Gruppen schützt. Das zum Schmuck der Bogenleibung benutzte Blatt- und Rankenwerk ist noch halb gotisch empfunden, aber die schweren Fruchtschnüre, welche die Genien am Säulenknauf befestigen, sind bereits ganz im Geist der neuen Zeit naturalistisch durchgeführt. In den Flügelbildern, deren Innenseiten die beiden Lieblingsheiligen Memlings schmücken, kehrt er wieder zum Spitzbogen und zum krausen gotischen Blattwerk zurück (Abb. 113). Die Außenflügel zeigen das Elternpaar des Menschengeschlechtes (Abb. 114). Auch sie dürfen als wichtiges Dokument für die entwicklungsgeschichtliche Stellung unseres Meisters gelten. Ein Vergleich mit den Gestalten van Eycks im Genter Altar, Rogers van der Weyden (Altar im Prado) und Hugos van der Goes (Wien) lehrt Memling als den Künstler der Reihe schätzen, dessen Anschauung von Formenschönheit des menschlichen Leibes am meisten der heutigen sich nähert. Wenngleich auch er noch an dem Ideal des Mittelalters festhält, die Eva mit abfallenden Schultern und unentwickeltem Oberkörper bildet und die Befangenheit der Haltung nicht ganz überwindet, so sind doch in seinen Gestalten die Verhältnisse der einzelnen Körperteile zu einander weit besser ausgeglichen, die unschöne Eckigkeit der Bewegung gemildert, kurz, das ängstlich gewissenhafte Studium in künstlerischen Fluß gebracht. Erst Dürer sollte der nordischen Kunst einen neuen Formenkanon aufstellen.

Denselben Renaissancemotiven, wie im Mittelbilde des Wiener Altars, begegnen wir auch in einer Madonnendarstellung der Uffizien zu Florenz (Abb. 115). Das Motiv der von musizierenden Engeln angebeteten Gottesmutter ist in vielen Einzelheiten der Madonna in Chatsworth (Abb. 21) ähnlich. Nahezu wörtlich stimmt der Geigenspieler mit der gleichen Figur des Wiener Bildes (Abb. 112). Das Antlitz der Maria wiederum ist in seiner schmalen Bildung dem der Liechtenstein-

Abb. 126. Christus von Engeln umgeben. Antwerpen. Königl. Museum. Holz: 1,70 : 2,10 m.

Abb. 127. Musizierende Engel. Antwerpen. Königl. Museum. Holz: 1,70 : 2,30 m.

madonna (Abb. 28) eng verwandt. Kurz, nach allen Seiten schießen die Fäden aus, die dieses reizvolle Idyll mit anderen Werken des Meisters verknüpfen. Memling selbst (?) hat es frei kopiert in einem Bilde des Gotischen Hauses zu Wörlitz (Abb. 116), eine andere Wiederholung ist vor kurzem aus mailändischem Privatbesitz in die Sammlung Thiem zu San Remo gelangt. Ebenso existiert eine verwandte Komposition, wo an Stelle des Engels auf der rechten Seite ein knieender Stifter mit seinem Schutzpatron Georg gesetzt ist, in zwei Exemplaren, davon das eine in der Nationalgalerie zu London (Abb. 117), das andere — vielleicht nur eine moderne Kopie? — im Besitz des Fürsten Hohenzollern-Sigmaringen sich befindet. Auch diese Madonnendarstellung wird wohl noch in die siebziger Jahre zu setzen sein.

Dem Wiener Mittelbild am nächsten steht eine thronende Madonna in ganzer Figur aus der Berliner Gemäldegalerie (Abb. 118). Das breite Antlitz der Maria mit seinem blöden Blick weicht etwas von dem bekannten Madonnenideal Memlings ab, der hier offenbar ein anderes Modell benutzte. Derlei oft begehrte Andachtstafeln werden mehr oder weniger als Werkstattarbeiten zu gelten haben, bei deren Ausführung die Meister die Hilfe der Gesellen nicht verschmähte. Fast ganz von einem solchen scheint die Halbfigur der Muttergottes in der Londoner Nationalgalerie (Abb. 119) herzurühren, in der Memlings Zartheit ins Flaue und Plumpe verkehrt ist.

Zahlreich sind die Versuche von Nachahmern, die Geleise Memlingischer Kunst zu eigenem Fortkommen zu benutzen; Madonnenbilder in Frankfurt und im englischen Privatbesitz, ein Eccehomo, das 1895 in der Versteigerung Lanfranconi als Gerard David verkauft wurde, und viele andere Schulkopien bezeugen es. Ebenso ein Diptychon der Münchener Pinakothek (Kat. 125, 126), das die von musizierenden Engeln umgebene Muttergottes und den ihr vom Ritter Georg empfohlenen Stifter darstellt. Auch sechs kleine Tafeln der städtischen Gemäldesammlung zu Straßburg (Abb. 120—125) haben offenbar einen Maler zum Urheber, der mit großem Fleiß den Stil unseres Meisters studiert hat. Sie stellen die himmlische Herrlichkeit neben die Schrecken der Hölle, weltliche Eitelkeit neben die Vergänglichkeit alles Irdischen und spiegeln so den Sinn einer Zeit wieder, die sich in freier, bis zur Zuchtlosigkeit ausschreitender Üppigkeit der Sitten gefiel und doch den Gedanken an Tod und Verwesung nicht wehren konnte:

> „Why, what is pomp, rule, reign, but
> earth and dust?
> And, live we how we can, yet die we
> must."
>
> (King Henry IV. III, 5.)

Das Wappen der Besteller dieser Bilderfolge, die wahrscheinlich ehedem zu einem Reisealtar vereinigt war, weist nach Italien, wo sie auch erworben wurde, die oft gebrauchte Devise: nul bien sans peine läßt aber vorläufig keine nähere Bestimmung zu. Der Maler des Christus in der Glorie (Abb. 120) kannte offenbar eine Arbeit Memlings, die — wohl aus seiner Spätzeit herrührend — neuerdings um den hohen Preis von 240,000 Francs für das Museum zu Antwerpen erworben wurde. Es ist eine der umfangreichsten, die wir kennen, und war als Schmuck der Orgelbrüstung für die Benediktinerkirche Santa Maria la Real zu Najera in Altkastilien bestimmt. In dieser nordspanischen Stadt entdeckte ein Kunsthändler vor wenigen Jahren erst dieses seltene Werk altflandrischer Kunst, das auf dem Orgelchor der Klosterkirche lange unbeachtet geblieben war. Da auf den Bildern die Wappen von Leon und Kastilien angebracht sind, ist es kaum zweifelhaft, daß ein Spanier der Auftraggeber war. In der That findet sich unter den zahlreichen spanischen Familien, deren Angehörige Handelsinteressen nach Brügge gezogen hatten, auch eine, deren Heimat Najera der französierte Namen „de Naguire" anzeigt. So erklärt sich ohne Schwierigkeit der Umstand, daß das Erzeugnis einer Brügger Malerwerkstatt nach Kastilien verschlagen wurde.

Memling hat in mehr als lebensgroßen Maßen auf dem vorderen Teil der Orgelbrüstung die Halbfigur Christi im Kreise singender Engelscharen dargestellt (Abb. 126). Die Schilderung des himmlischen Orchesters war den Seitenteilen vorbehalten (Abb. 127 und 128). Da begleiten zehn geflügelte Cherubim mit Psalter, Harfe, Handorgel, Laute, Flöte, Marientrompete, Geige und

Abb. 128. Musizierende Engel. Antwerpen. Königl. Museum. Holz: 1,70 : 2,30 m.

Posaune den Gesang der Heerscharen. Sie sind zum Teil wörtliche Wiederholungen der Engelmedaillons vom Ursulaschrein (Abb. 90—93).

Die Vorliebe für solche musikalische Verschönung überirdischer Herrlichkeit ist bei Memling nichts Ungewöhnliches. Im Jüngsten Gericht zu Danzig empfängt die Auserwählten ein ähnlicher Chor himmlischer Musikbuben; seinen Madonnen gibt er wiederholt musizierende Trabanten, jene allerliebsten älteren Spielkameraden des Christknäbleins mit blondem Gelock und zutraulich lächelnden Lippen, den Minstrels eines Fra Angelico wesensverwandt. Wir denken uns den Maler gern als Freund der Musik; vollzog sich doch gerade zu seinen Lebzeiten in den Niederlanden die wichtigste Entwickelung, die die Tonkunst durchgemacht, vom einstimmigen Chorgesang zum mehrstimmigen Kunstsatz. Die Geburtsstunde des Kontrapunktes war gekommen, und wie für die Malerei wurden die Niederländer auch für die Musik das im eigentlichen Sinne tonangebende Volk. Ton und Farbe hatten hier neue Werte erhalten, und mit neugierigem Staunen verfolgte das Ausland diese Umwandlung. In mehr als einer Beziehung läßt sich Memlings Kunst der seiner musikalischen Zeit- und Landesgenossen vergleichen. In seinen Bildern lebt derselbe, zu Kunstverflechtung geneigte Geist, wie in den Tonschöpfungen eines Dufay und Josquin des Prés. Noch wehrt der Verflachung und Verschnörkelung der späteren Meistersingerkunst wohl bei seine Empfindung und Bildung, aber ein leiser Anflug von deren handwerklicher Bedachtsamkeit ist auch in ihnen nicht zu verkennen.

Am 11. August 1494 starb Memling und wurde in der Ägidiuskirche zu Brügge beigesetzt, wie uns Rombouldt de Doppere in dem oben citierten Tagebuche mitteilt. Ein Leben voll rastloser, erfolgreicher Thätigkeit hatte sich vollendet. —

Sein reiches Künstlererbe trat eine Schar von Schülern und Nachahmern an, unter denen Gerard David wohl am glücklichsten des Meisters Werk fortsetzte.

Aber auch in der zu üppiger Blüte gedeihenden Buchmalerei Brügges lebte lange die von Hans Memling geschaffene liebenswürdige Gestaltenwelt fort. Noch heute gilt sein Name als hell klingender Lockruf für alle Liebhaber alter Kunst, obwohl er nicht selten auch fremdes Gut zu decken auserfehen wurde.

* * *

Das fünfzehnte Jahrhundert ist ein Zeitalter der Gärung, der Widersprüche. Ein oft bis zu brutaler Gewaltthätigkeit gesteigerter Realismus in Staats- und Kirchenweltheit geht neben mystischer Schwärmerei und dem Streben zur Abtötung aller selbsterhaltenden Triebe einher. Starke bürgerliche Unterströmungen auf vielen Gebieten des politischen und geistigen Lebens helfen solchen Mangel an Einklang verstehen. Die ins Übermenschliche emporgewachsene Macht der burgundischen Dynastie bricht sich an dem ebenfalls zu unerhörter Kraft gediehenen Bürgersinn. Memlings Kunst bleibt bürgerlich im Gegensatz zur Fürstenkunst eines Jan van Eyck; sie fällt trotzdem nur selten ins Spießbürgerliche. Die laue Frömmigkeit, wie sie in dem zeitläufigen Marienkult sich offenbart, vertieft er aus persönlichem Bedürfnis. Die einzelnen Gedanken Englischer Prosa versteht er in wohllautende Verse zu bringen, ohne doch in öde Reimerei zu geraten, die Leidenschaftlichkeit Rogers wandelt er ins Empfindsame ab, ohne doch weichlich zu werden; die Herbheit des Hugo van der Goes mildert er zu ernster Schönheit, der Zierlichkeit eines Bouts nimmt er das Puppenhafte. In seinem Schaffen stellt sich ein Versuch dar, den Zwiespalt einer großen, vor neue Fragen und neue Lösungen gestellten Zeit zu einen. Fernab jeder Derbheit, jedem kecken Zugreifen aus dem Gefühl persönlichen Übertragens heraus, hat er in den Grenzen, die er selbst sich steckte, gesiegt: ein Sieger, dem die Nachwelt — wenn auch nicht zu flammender Begeisterung hingerissen — gern den Lorbeer reicht.